BZL

Familienbild: Mozart und seine Schwester Nannerl am Klavier, Vater Mozart mit Violine, an der Wand das Bildnis der Mutter, die 1778 in Paris gestorben war. Ölgemälde von Johann Nepomuk della Croce, entstanden Winter 1780/81 (Mozart-Museum Salzburg).

FRANZ XAVER NIEMETSCHEK

Ich kannte Mozart

Leben des K. K. Kapellmeisters
Wolfgang Gottlieb Mozart
nach Originalquellen beschrieben

Herausgegeben und kommentiert von Jost Perfahl

BIBLIOTHEK ZEITGENÖSSISCHER LITERATUR

Typographisch originalgetreue Wiedergabe des Erstdrucks von
1798 samt den von E. Rychnovsky in seinem Nachdruck 1905
erstellten Lesarten und Zusätzen der zweiten Auflage von 1808

Umschlaggestaltung von Ulrich Eichberger unter Verwendung
des Titelkupfers von Johann Christian Fritzsch (1720 - 1802) in:
Carl Cannabich, „Gedächtnisfeyer Mozarts". Klavierauszug von
H. N. Hoffmann, Hamburg (um 1800)
(bisher unbekanntes Mozartbild, erstmals wiedergegeben
von Robert Münster in: „Idomeneo 1781 - 1981". München 1981)

4. Auflage 1991

Satz: S. Herrmann, München
Druck und Bindung: Wiener Verlag, Himberg bei Wien
ISBN 3-923364-76-8

EINFÜHRUNG

Der in der Welt heute meistgespielte klassische Komponist gibt uns desto mehr Rätsel über seine Persönlichkeit und sein Werk auf, je gewaltiger die Flut der Bücher über ihn anschwillt. Es drängt sich einem der Eindruck auf, daß mit der zunehmenden zeitlichen Distanz zu Mozart zwar unser Detailwissen über ihn – dank der Ergebnisse der Mozart-Forschung – ständig vermehrt wird, daß jedoch – durch die zahlreichen neueren Deutungen – keine wirkliche Erhellung stattfindet, sondern sich die Wahrheit Mozarts geheimnisvoll entzieht.

Gegenüber der gesamten Mozart-Literatur, so verdienstvoll und unerläßlich sie zum Teil ist, hat Franz Xaver Niemetschek den Vorsprung, daß er der einzige Mozart-Biograph ist, der Mozart persönlich kannte und sein Freund war, also aus dem unmittelbaren Eindruck der leibhaftigen Persönlichkeit Mozarts schrieb, während die späteren Biographen alle bloß Arrangieure von Materialien und Interpreten sind; sein Vorteil war ferner sein „Umgang mit Mozarts Familie und Freunden". Niemetschek erlebte also selbst, wie Mozart sprach, aussah, wie er auftrat, sah seine Gebärde, seinen Alltag, seine Lebenswelt – als Zeitgenosse und Freund. Diese einzigartigen Eindrücke flossen in seine Darstellung ein und verliehen ihr einen Zauber, der auch heute noch mit der vollen Frische wirkt. Der Reiz des Buches von Niemetschek wird verstärkt durch die Spiegelung Mozarts in der Zeitgenossenschaft. Dabei erstaunt, mit welcher Kompetenz er bereits Mozarts Musik beurteilte, während deren Genialität von berühmteren Zeitgenossen noch nicht erkannt wurde. Niemetschek war nicht nur zeitlich, sondern auch vermöge eines fast kongenialen Verständnisses – vergleichbar mit dem Joseph Haydns – der Mozartschen Musik so nahe, daß er diese ganz in ihrer ursprünglichen Intention erlebte und noch bewahrt blieb von den Mißverständnissen mancher späterer Interpreten, die, bereits aus einer anderen Epoche mit veränderten geistigen Grundlagen heraus empfindend, etwa einen romantisierten oder dämonisierten oder sonst einen dem jeweiligen Zeitgeist entsprechenden Mozart vorstellen. Wenngleich solche Elemente alle in dem schwer auslotbaren Phänomen Mozart vorhanden sind, so ergeben sie doch, in der Überzeichnung und Verabsolutierung, ein verfälschtes Mozart-Bild.

Die Voraussetzungen für die vorliegende Mozart-Biographie waren günstig: Erstens war Niemetschek selbst ausübender Musiker (wenn auch nicht hauptberuflich), ein ausgezeichneter Pianist und Musikkritiker, daher fähig, die „kompositorische Wissenschaft" der Musik Mozarts zu studieren, womit er bereits 1782, als Sechzehnjähriger, begann. Zweitens war er in den Bekanntenkreis Mozarts gut eingeführt und erhielt „Zeugnisse vieler glaubwürdiger Personen, die Mozarten in verschiedenen Lebens-Perioden gekannt haben". Er war mit dessen Witwe Constanze in engem Kontakt, die ihm für seine Arbeit alle ihr damals zur Verfügung stehenden Briefschaften und Aufzeichnungen übergab, so daß sie später dem Verlag Breitkopf & Härtel, als man dort eine neue Biographie veranstalten wollte, mitteilen mußte, sie habe damals alles, was sie hatte, Niemetschek überlassen, und damit auf die Gültigkeit seiner Biographie hinwies. Drittens war Niemetschek in wissenschaftlichem Arbeiten geschult und auch ein kritischer Beurteiler, der „manches Interessante lieber ausgelassen hat, wenn ihm dessen Wahrheit etwas zweifelhaft schien". Selbst Constanze gegenüber war er vorsichtig: „... weil ich nicht alles glaube, was Madame Mozart sagt oder zeigt." Viertens stand Niemetschek ein beträchtliches sprachliches Ausdrucksvermögen zu Gebote; sein scharfes und differenziertes Formulieren fällt auf; seine Diktion mutet modern an, obwohl er dem Wortgebrauch des Rokoko verhaftet ist; aber die Sprache mündet bei aller Begeisterung und Verehrung für den Inhalt seiner Darstellung nicht in leere Überschwenglichkeit und in den bloßen Schnörkel. Sie ist immer genauer Ausdruck seines auch für den heutigen Wissensstand überraschend richtigen Verständnisses selbst für die schwierigsten, damals noch wenigen erschlossenen Bereiche der Mozartschen

Franz Xaver Niemetschek. Ölbild von Joseph Anton Rhomberg.

Musik; sie scheint beinahe manchmal von dieser Musik in Tonfall und Rhythmus inspiriert zu sein.

Um die Nähe zu Mozart in dieser nur wenige Jahre nach seinem Tod entstandenen, frühesten Biographie optimal zu vergegenwärtigen, wurde hier die erste Auflage von 1798 (aber die Lesarten der zweiten Auflage von 1808 im Anhang) wiedergegeben, und zwar in originalem Satzspiegelformat und Zeilenfall, in gleicher Schriftart und Buchstabengröße sowie in der originalen Orthographie und Zeichensetzung samt all den Unregelmäßigkeiten, wie sie in der damaligen Zeit üblich waren, die ja auch die Zeit Mozarts war.

Bewegend die Vorstellung: Genauso sah das Buch aus, das Constanze und die Mozart überlebenden Freunde in der Hand hielten! Mozarts Schwester Nannerl äußerte, „daß sie den Wert ihres Bruders zuerst ganz erkannt hätte, als sie unseres Niemetschek Biographie gelesen hätte", aber auch aus ihr erst die Nachricht vernommen „von der traurigen Lage, in der sich mein Bruder befand".

In einigen Punkten wurde Niemetscheks Darstellung von der späteren Forschung berichtigt und ergänzt; manche Namen und Umstände, die für Niemetschek etwas Selbstverständliches waren, sind dem heutigen Leser nicht mehr so genau bekannt; daher bringt der Band am Schluß einen Kommentar mit Anmerkungen zu erläuterungsbedürftigen Stellen. Außerdem eine gedrängt gefaßte Bibliographie, die den Leser auf einen Blick über die wichtigste Mozart-Literatur informiert und ihn in die Lage setzt, selbständig weiterzuforschen.

Niemetscheks „fundierte kleine Mozart-Biographie" (Otto Erich Deutsch) gibt mit Charme und in exakter Kürze eine Einführung in Mozarts Leben und Werk. Spätere Mozartwissenschaftler haben ihre Zuverlässigkeit und Glaubwürdigkeit nie bezweifelt; bis heute werden aus ihr zahlreiche Fakten aus Mozarts Leben zitiert, die sonst nirgends überliefert sind.

J. P.

Leben

des

K. K. Kapellmeisters

Wolfgang Gottlieb Mozart,

nach

Originalquellen beschrieben

vom

Franz Niemtschek,

Professor am Prager Kleinseit. Gymnasium.

Prag 1798.

In der Herrlischen Buchhandlung.

Dem

Vater der edlern Tonkunst,

dem

Lieblinge der Grazien

Joseph Hayden

Fürstl. Esterhazischen Kapellmeister

widmet dieses kleine Denkmal des unsterblichen

Mozarts,

aus besonderer Verehrung

der Verfasser.

So wie die süßen Zaubereyen der Harmonie und der allgewaltige Strom der Empfindung in den Kompositionen **Mozarts,** den Zuhörer jedesmal zu der höchsten Begeisterung hinreissen: eben so wecket die frühe Entwickelung und die schnelle Reife dieses schöpferischen Genies in dem Forscher der menschlichen Natur die größte Bewunderung. In beyder Rücksicht flößet der Mann ein so hohes Interesse ein, daß ich hoffen darf, diese biographische Skizze werde dem Publikum kein unwillkommenes Geschenk seyn.[1])

Denn welcher Freund der lieblichsten der Künste hat bey dem reinen, süßen Genuße Mozartischer Kunstwerke nicht mit innigem Gefühl an den Schöpfer dieser Wonne gedacht? wer den gewaltigen Herrscher der Harmonien nicht bewundert? — Für diese zarten, fühlenden Herzen schreibe ich diese Erzählung seiner Lebensbegebenheiten. Möge ihnen die Lesung derselben eben so viel Vergnügen machen, als mir das Aufschreiben verschafft hat. Ich erfülle dadurch zugleich eine

Pflicht, die mir das vielfältige Vergnügen auflegte, welches ich in seinen Werken genoß, — die Pflicht, etwas zu der Verherrlichung seines Namens beyzutragen.

Der Vater unsers Raphaels in der Musik,[1]) Leopold Mozart, war der Sohn eines Buchbinders zu Augsburg; er studierte zu Salzburg, und kam im Jahre 1743 als Hofmusikus in die Fürstl. Kapelle. Sein Talent verbunden mit einem rechtschaffenen Charakter verschaffte ihm 1762 die Stelle des zweyten Kapellmeisters. Er war mit Anna Bertlinn verheurathet; beyde waren von einer so vortheilhaften Körpergestalt, daß man sie zu ihrer Zeit für das schönste Ehepaar in Salzburg hielt.

Leopold Mozart beschäftigte sich mit dem Hofdienste, die übrigen Stunden wendete er auf Komposition und Violinunterweisung. Welch ein vorzüglicher Kenner dieses Instruments er gewesen sey, beweiset die allgemein bekannte Violinschule die er 1766 herausgab, und die im Jahre 1770 noch einmal aufgelegt wurde.[2])

Er zeugte 7 Kinder; aber nur 2 blieben am Leben; ein Mädchen und ein Knabe. Der Sohn der im Jahr 1756 am 27sten Jänner gebohren ward, hieß Wolfgang Gottlieb, oder Amadeus; die Schwester, die älter war, Maria Anna.

Da der Vater bald an den beyden Kindern ein vorzügliches Talent zur Musik bemerkte, so gab er alle Lektionen und auswärtige Geschäfte ausser seinem Dienste auf, und widmete sich ausschließlich der musikalischen Erziehung dieses Kinderpaares.

Dieser vortreflichen Leitung muß der ungewöhnlich hohe Grad der Vollkommenheit, zu dem Mozarts Genie empor stieg,[3]) zugeschrieben werden.

werden. Die Natur vermag freylich viel — aber verwahrlost, oder zu einer andern Richtung gezwungen, verliert sie vieles von ihrer ursprünglichen Kraft. Auf die ersten Ideenreihen und Eindrücke kommt es bekanntermassen bey der Erziehung der Kinder am meisten an; denke man sich nun ein so großes natürliches Talent, als Mozart besaß, in so günstigen Umständen, so wird man bald von dem Erstaunen, in welches uns das Unbegreifliche seiner Aeusserungen und Begebenheiten versetzt, zurück kommen, und den Thatsachen, die ich zu erzählen im Begriffe bin, gerne Glauben beymessen. Die ersten Eindrücke, die sein Ohr auffaßte, waren Harmonien und Gesang; Musik waren die ersten Worte und Ideen, die er begriff! So mußte der himmlische Funke, den die Gottheit in den Busen dieses den Harmonien [1]) geweihten Knabens gelegt hatte, sehr früh aufwachen, und in helle Flammen schlagen. Die gründlichen Kenntniße seines sorgsamen Vaters kamen überall dem aufwachenden Genie entgegen; so wuchs er auf, so reifte er schneller, als die bloße Natur zu reifen vermag.

Mozart war eben 3 Jahr alt, als seine 7 jährige Schwester den ersten Unterricht auf dem Klaviere bekam; und hier äusserte sich zuerst das Genie des Knaben. Er setzte sich oft freywillig zu dem Klavier und beschäftigte sich stundenlang mit der Zusammstimmung der Terzen, die er dann, wenn er sie fand, anschlug, und in lebhafte Freude ausbrach. Nun fieng also der Vater an ihm leichte Stücke spielend beyzubringen; und er fand zu seinem freudevollen Erstaunen, daß der Schüler alle menschliche Erwartung übertraf; er lernte gewöhnlich in einer halben Stunde eine Menuet, oder ein Liedchen, und trug es dann mit dem angemessensten [2]) Ausdrucke vor.

Jeder Leser wird es sehr wahrscheinlich finden, wenn ich sage, daß der kleine Mozart, das lebhafteste Temperament, und ein sehr zärtliches Gefühl zeigte. Seinen kindischen Spielen ergab er sich mit einer Innigkeit, die ihn auf alles übrige vergessen ließ, und Liebe für alle Personen die um ihn waren, oder sich mit ihm abgaben war sein herrschender Hang; er fragte jeden, der mit ihm umgieng, ob er ihn lieb habe, und vergoß gleich Zähren, wenn man es scherzweise verneinte.

Ueberhaupt ergab sich Mozart schon als Kind und Knabe allen Dingen, und Personen, an denen sein Geist Interesse fand, mit der ganzen warmen und lebhaften Innigkeit, deren ein so zartorganisirter Mensch fähig ist. Dieser Zug blieb stets auch an dem Manne das unterscheidende Merkmal — und war oft sein Unglück.

Im 6ten Jahre kam er schon in der Musik so weit, daß er selbst kleine Stücke auf dem Klavier komponirte, die dann sein Vater in Noten setzen mußte. Von diesem Zeitpunkte an empfand er nichts so lebhaft, als Töne, und jede andere Spielerey, die sonst Kinder freut, war ihm gleichgiltig, sobald nicht Musik dabey war.

Die täglichen Fortschritte die er darinn machte, setzten oft den Vater, der doch beständig um ihn war, und jeden Schritt beobachtete, in das überraschendeste Erstaunen; denn es waren nicht Fortschritte eines gewöhnlichen geschickten Lehrlings, sondern Riesenschritte eines Genies, dessen Größe selbst sein Vater und Erzieher nicht ahnden konnte, weil seine Entwickelung und Aeusserung auch den größten Erwartungen zuvor kam. Folgende Begebenheit, die auch Schlichtegroll in seinem Nekrolog erzählt, und die mir von mehreren Personen bestättiget wurde, mag zum Beweise dienen.

Als Wolfgang ungefähr im 6ten Jahre seines Alters war, kam einst sein Vater, aus der Kapelle mit einem Freunde nach Hause zurück; sie trafen den kleinen Tonkünstler mit der Feder in der Hand beschäftiget an. Der Vater fragte ihn was er den mache.

Wolfg. Ein Conzert fürs Klavier.

Vat. Laß sehen; das wird wohl was Sauberes seyn.

Wolfg.

Wolfg. Es ist noch nicht fertig.

Nun nahm es der Vater in die Hand, und fand ein Geschmirre von Noten und ausgewischten Tintenflecken; denn der kleine Komponist wußte mit der Feder noch nicht recht umzugehen; er tauchte sie zu tief in der Tinte ein, und machte dann freylich immer Flecke auf das Papier, die er mit der Hand auswischte, und so weiter darauf fortschrieb. Als aber der Vater etwas aufmerksamer die Komposition betrachtete, blieb sein Blick vom angenehmen Erstaunen und einer unbeschreiblichen Rührung darauf gefesselt und helle Thränen der Freude traten in seine Augen.

Sehen Sie Freund! sprach er dann lächelnd, wie alles richtig und nach den Regeln gesetzt ist; nur kann man es nicht brauchen, weil es so schwer ist, daß es sich nicht spielen läßt.

Wolfg. Dafür ist es auch ein Konzert; man muß so lange exerzieren, bis man es heraus bringt. Sehen Sie, so muß es gehen.

Hier fieng er an es zu spielen, konnte aber auch selbst kaum so viel vorbringen, als man erkennen konnte, was seine Gedanken gewesen sind. Denn er hatte die Meynung, ein Conzert spielen, und Mirakel wirken sey alles eins.

Zu dieser Zeit hatte es der Knabe schon so weit in der Musik gebracht, daß der Vater ohne Bedenken auch das Ausland zum Zeugen der ausserordentlichen Talente seines Sohnes machen konnte.

Die erste Reise, die er mit ihm und seiner Schwester machte, war nach München, im Jahre 1762. Hier spielte Wolfgang vor dem Churfürsten ein Conzert, und erndete sammt seiner Schwester die größte Bewunderung ein.

Die zweyte Reise geschah im Herbste des nemlichen Jahres also auch im 6ten Jahre seines Alters nach Wien, wo die beyden kleinen Virtuosen dem Kaiserlichen Hof vorgestellet wurden.

Eine

Eine verehrungswürdige Dame, die damals am Hofe war, versicherte mich, daß beyde Kinder ein allgemeines Erstaunen erregt haben; man konnte kaum seinen Augen und Ohren trauen, wenn sie sich produzirten. Vorzüglich hat der verewigte Schätzer der Künste, Kaiser Franz I. an dem kleinen Hexenmeister, (wie er ihn scherzweise nannte,) viel Wohlgefallen gefunden. Er unterhielt sich vielmal mit ihm. Alle Anekdoten, die Herr Schlichtegroll bey dieser Gelegenheit erzählet, sind mir als wahr bestättiget worden.

Der Kaiser hat unter andern mit ihm gescherzt, es seye wohl keine so ausserordentliche Kunst zu spielen; wenn man auf die Klaviatur schauen kann, aber bey verdeckter Klaviatur — das wäre etwas? Mozart war damit nicht in Verlegenheit gesetzt: er läßt sich die Klaviatur verdecken, und spielt eben so gut, wie vorher.

Auch dieß sey noch nichts besonderes, versetzte der Kaiser, wenn man mit allen Fingern spielt, aber mit einem einzigen zu spielen, das wär erst Kunst.

Auch diese Zumuthung machte den Knaben nichts weniger als verlegen — er versuchte es mit Entschlossenheit auf der Stelle, und spielte zur Verwunderung mehrere Stücke auf diese Art mit Nettigkeit aus. Schon damals äusserte er einen Charakterzug, der ihm stets eigen geblieben ist; nemlich die Verachtung alles Lobes der Großen, und eine gewisse Abneigung vor Ihnen, wenn sie nicht Kenner zugleich waren, zu spielen. Mußte er es dennoch, so spielte er nichts als Tändeleyen, Tanzstücke u. d. g. unbedeutende Sachen. Aber, wenn Kenner zugegen waren, so war er ganz Feuer und Aufmerksamkeit.

Diese Eigenschaft behielt er bis zu seinem Tode, wie wir es bey seinem dreymaligen Aufenthalt in Prag sehr oft erfahren haben.

So geschah es auch damals, bey dem Kaiser Franz. Als er sich zum Klavier setzte um ein Konzert zu spielen, und der Kaiser bey

ihm

ihm stand, sagte Mozart: „Ist Herr Wagenseil nicht hier? der versteht es.“ Wagenseil kam, und der kleine Virtuose sagte: „Ich spiele ein Conzert von Ihnen, Sie müssen mir umwenden.“

Auch folgende Anekdote kann vielleicht zu seiner Schilderung beytragen.

Unter allen Erzherzoginnen nahm ihn Antoinette, die nachmalige Königinn von Frankreich am meisten ein, und er hatte eine besondere Zärtlichkeit für sie. Als er einst in den Zimmern der höchstseligen Kaiserinn Maria Theresia war, und von den kleinen Prinzen und Prinzessinnen herum geführt wurde, hatte er das Unglück, des Gehens am geglätteten Fußboden ungewohnt, zu fallen. Niemand war geschäftiger ihm beyzuspringen und aufzuhelfen, als die kleine Erzherzoginn Antoinette; dieß rührte sein kleines Herz so sehr, daß er gerade zu der Monarchinn eilte, und mit viel Begeisterung die Güte des Herzens dieser Prinzessinn erhob. Wer hätte einem solchen Kinde nicht gut werden sollen?

Die beyspiellose Fertigkeit, mit welcher er das Klavier behandelte, und der hohe Grad der Kenntniß der Kunst, die er in einem Alter erreichte, wo Kinder sonst noch kaum einen Kunsttrieb äussern, war bewundernswürdig genug; ja es ließ sich wohl kaum etwas Größers erwarten. Aber der wunderbare Geist der Töne, der in ihn von dem Schöpfer gelegt ward, schritt alle gewöhnliche Schranken über, und gieng, da er einmal erwacht war, allem Unterrichte voran. Was man ihn lehren wollte, das war seinem Geiste schon wie bekannt, und er schien sich nur darann zu besinnen!

Der Unterricht diente ihm also nur als Reizungsmittel, und zur feinern Ausbildung.[1])

Der

Mozart spielte bisher kein anderes Instrument als das Klavier; aber er konnte auch schon geigen, bevor es sein Vater wahrnahm, oder ihm irgend eine Anweisung auf der Violine gegeben hatte. Ich will den Vorfall, der dieses offenbarte mit den Worten des Herrn Schlichtegroll[1]) erzählen. — „Mozart hatte aus Wien eine kleine Geige mitgebracht, „die er dort geschenkt bekommen hatte. Kurz als die Familie wieder nach „Salzburg zurück war,[2]) kam Wenzl ein geschickter Geiger und ein An„fänger in der Komposition zu dem Vater Mozart, und bath sich des„sen Erinnerungen über 6 Trios aus, die er während der Abwesenheit „der Mozartischen Familie gesetzt hatte.

„Schachtner, ein noch lebender Hoftrompeter in Salzburg, „den der kleine Mozart besonders liebte, war eben gegenwärtig. Der „Vater, "so erzählte dieser glaubwürdige Augenzeuge," spielte mit der „Viola den Baß, Wenzl die erste Violin, und ich sollte die zweyte „spielen. Der kleine Wolfgang bath, daß er doch die zweyte Violin spie„len dürfte. Aber der Vater verwieß ihm seine kindische Bitte, weil „er noch keine ordentliche Anweisung auf der Violin gehabt hätte und „daher unmöglich was Gutes herausbringen könnte. Der Kleine er„wiederte, daß, um die 2te Violin zu spielen man es ja wohl nicht erst „gelernet zu haben brauche; aber der Vater hieß ihn halb in Unwillen „davon gehen, und ihn nicht weiter stören. Der Kleine fing an „bitterlich zu weinen, und lief mit seiner kleinen Geige davon. Ich „bath, man möchte ihn doch mit mir spielen lassen; endlich willigte der „Vater ein, und sagte zu ihm: Nun so geige nur mit Herrn Schacht„ner jedoch so stille, daß man dich nicht höre, sonst mußt du gleich „fort. Wir spielten und der kleine Mozart geigte mit mir, doch bald „gemerkte ich, daß ich da ganz überflüßig sey. Ich legte meine Geige „weg und sah den Vater an, dem bey dieser Scene Thränen der ge„rührten Zärtlichkeit aus dem väterlichen Auge über die Wangen rollten.

So

„So spielte Wolfgang alle 6 Trios durch. Nach deren Endigung wur-
„de er durch unsern Beyfall so kühn, daß er behauptete, auch die erste
„Violin spielen zu können. Wir machten zum Scherz einen Versuch,
„und mußten herzlich lachen, als er auch diese, wiewohl mit lauter un-
„rechten und unregelmäßigen Applikaturen, doch aber so spielte, daß er
„nie völlig stecken blieb."

Mit welcher bewundernswürdigen Genauigkeit sein Ohr auch den feinsten Unterschied der Töne maß, wie unglaublich sicher sein Gedächtniß Töne behielt, beweiset folgender Vorfall, der sich fast um gleiche Zeit ereignete.

Schachtner, der erwähnte Freund des Mozartschen Hauses, und der Liebling des kleinen Wolfgangs, besaß eine Violin, die dieser ihres sanften Tones wegen vorzüglich liebte, und die Buttergeige nannte. Er spielte eines Tages darauf. In einigen Tagen kam Schachtner wieder, und traf den Wolfgang auf seiner eigenen kleinen Geige phantasirend an.

„Was macht ihre Buttergeige?" sagte Wolfgang; und fuhr in seiner Phantasie fort. Nach einer kleinen Pause, wo er sich auf etwas zu besinnen schien, sagte er weiter:

Wenn sie aber nur ihre Geige immer in gleicher Stimmung ließen; sie war das letztemal, als ich auf ihr spielte um einen viertel Ton tiefer, als meine da." Man lächelte über diese dreiste Behauptung, in einer Sache, wo das geübteste Kennerohr [1]) kaum einen Unterschied zu bemerken im Stande ist.

Der Vater aber, der schon oft durch ähnliche Aeusserungen des großen Tongefühls seines Sohnes überrascht wurde, hält es der Mühe werth die Angabe zu prüfen. Die Geige wird gebracht, und zum allgemeinen Erstaunen traf die Angabe mathematisch richtig ein.

Bey allen diesen Fertigkeiten, bey diesem ausserordentlich großen Talent, besaß der kleine Mozart einen Fleiß, der für seinen zarten Körperbau vielleicht zu groß war. Man mußte ihn vom Klavier wegrufen, oft mit Ernst wegjagen, sonst hätte ihn[1]) die aufgehende Sonne vielleicht noch bey demselben angetroffen.

Diese Vergessenheit seiner selbst, wenn er sich mit Musik beschäftigte, blieb ihm bis an sein Ende eigen; er saß täglich am Fortepiano bis in die späte Nacht. Ein sicheres Kennzeichen des Genies, welches seinen Gegenstand immer mit der ganzen Kraft der Seele umfaßte, und seiner selbst vergaß.

Man darf jedoch nicht glauben, daß er nicht auch zu andern Sachen fähig war; alles was er lernte, begriff er leicht, und ergab sich dem Gegenstande mit einem Eifer und Feuer, dessen Grund in seiner empfindsamen Organisation lag. So bemahlte er Stühle, Tische und den Fußboden mit Ziffern, als er rechnen lernte, und dachte und redete von nichts andern, als von arithmetischen Aufgaben; er ward nach der Zeit einer der geübtesten Rechenmeister.

Dabey war er so gehorsam und nachgiebig gegen seine Eltern, daß man nie sinnlicher Strafen bedurfte, und er selbst keine Eßwaare ohne Erlaubniß des Vaters annahm oder verzehrte.

Sobald sein großes Talent etwas bekannt wurde, so mußte er oft ganze Tage sich vor Fremden hören lassen: und doch zeigte er nie Unwillen, wenn ihn der Befehl seines Vaters wieder an das Klavier gehen hieß. Gegen seine Gespielen war er immer voll Freundlichkeit und Wohlwollen, und hieng an ihnen mit der ganzen großen Zärtlichkeit seines Herzen; selbst in kindischen Unterhaltungen zeigte sich sein Geist der Musik, von der immer etwas mit dabei seyn mußte.

Im siebenten Jahre seines Alters, das ist, im Jahre 1763 machte Mozart mit seinen beyden Kindern die erste größere musikalische Reise

in

in Deutschland. Durch diese wurde der Ruhm des jungen Meisters allgemein verbreitet. Er zeigte seine Talente und Fertigkeiten vorzüglich in München, wo er auch ein Violin-Konzert vor den Churfürsten spielte und dazu aus dem Kopfe präambulirte; dann in Augsburg, Manheim, Mainz, Frankfurt, Koblenz, Kölln, Achen und Brüssel.

Von da giengen sie im November nach Frankreich, wo sich die Familie 21 Wochen aufhielt. Zu Versailles ließ sich der kleine 8jährige Mozart in der königl. Kapelle vor dem Könige und dem ganzen Hofe auf der Orgel hören. Man schätzte zu dieser Zeit sein Orgelspiel noch höher als das Klavierspiel.

In Paris gaben sie zwey Akademien fürs Publikum, wovon die Folge war, daß alsogleich Vater sammt den beyden Kindern in Kupfer gestochen erschien, und daß man allgemein in Bewunderung und Lobeserhebung derselben wetteiferte. Hier gab auch Wolfgang Mozart seine ersten Kompositionen in Stich heraus. Das erste Werk dedicirte er der Madame Viktoire, der zweyten Tochter des Königs, das andere der Gräfinn Tesse. Es sind Sonaten für das Klavier.

Von Paris gieng die Familie den 10. April 1764 nach England. Noch in demselben Monate ließen sich die Kinder vor der königlichen Familie hören; so auch im folgenden, wobey zugleich Mozart auf der Orgel des Königs spielen mußte. Darauf gaben sie ein großes Konzert für das Publikum zu ihrem Besten; ein anderes zum Nutzen des Hospitals der Wöchnerinnen: in beyden waren alle Sinfonien von der Komposition des Sohnes. Dann spielten sie noch einmal vor dem König und dem vornehmsten Adel.

Der ungewöhnliche Beyfall und die Bewunderung, zu welcher solche Wundertalente das Publikum überall hinreißen mußten,[1]) waren für den jungen Mozart Antrieb und Reizung sich immer vollkommener zu machen. Er sang auch mit der größten Empfindung Arien — und es war gewiß ein rührendes Schauspiel dieses kleine Virtuosenpaar auf 2 Klavieren konzertieren, oder im Gesange wetteifern zu hören! der Sohn war schon so weit in der Kunst gekommen, daß er die schwersten Stücke von den größten Meistern vom Blatte wegspielen konnte; in Paris und London legte man ihm Sachen vom Händel und Bach vor, die er mit Akkuratesse und dem angemessenen Vortrage zur Verwunderung jedes Kenners vom Blatt wegspielte.

Als er bey dem Könige von England spielte, legte man ihm unter andern einen bloßen Baß vor, wozu er auf der Stelle eine vortrefliche Melodie spielte.[1])

Während dieses Aufenthalts in England schrieb er 6 Klavier-Sonaten, die er in London stechen ließ und der Königin dedizirte.

Den Sommer des Jahrs 1765 brachte die Familie in Flandern, Brabant und Holland zu. Während einer gefährlichen Krankheit, (Blattern waren es), die die beyden Kinder einige Monathe lang auf das Krankenbette fesselte, fing Wolfgang andere 6 Klavier-Sonaten an; und als er sie nach der Krankheit vollendet hatte, ließ er sie stechen, und dedizirte sie der Prinzessinn von Nassau Weilburg. In dieser Krankheit zeigte sich die immer rege Thätigkeit seines harmonischen Geistes sehr auffallend: denn, da er das Bette nicht verlassen durfte, so mußte man ihm ein Brett über das Lager richten, auf welchem er schreiben konnte; und selbst als seine kleinen Finger voll Pocken waren konnte man ihn kaum vom Spielen und Schreiben abhalten. Diese Anekdote ist aus dem Munde eines sehr glaubwürdigen Zeugen.

Zu dem Installationsfeste des Prinzen von Oranien, im Anfange des Jahrs 1766, setzte der junge Mozart einige Sinfonien, Variationen und Arien.

Nach

Nachdem er einigemal bey dem Erbstatthalter gespielt hatte, gieng die Familie wieder nach Frankreich, blieb einige Zeit in Paris, und reiste über Lyon und die Schweiz nach Schwaben, wo sie einige Zeit in Donauschingen bey dem Fürsten von Fürstenberg verweilten, und dann zu Ende des Jahrs 1766 nach einer Abwesenheit von 3 Jahren wieder in Salzburg eintrafen.

Hier blieb nun die Mozartsche Familie mehr als ein Jahr in Ruhe. Diesen Zeitraum der Musse wendete der junge Künstler auf das höhere Studium der Komposition, deren größte Tiefen er nun bald ergründet hatte. Emmanuel Bach, Hasse und Händel waren seine Männer; ihre Werke sein unablässiges Studium! Er vernachläßigte auch nicht die alten italienischen Meister, deren Vorzüge in Rücksicht der Melodie und der Gründlichkeit des Satzes so auffallend gegen die heutigen Italiener abstechen. So schritt er immer näher zu der Stufe der Vollkommenheit, auf der ihn bald darauf die Welt als eine seltene Erscheinung erblickte.

Im folgenden Jahre 1768 gieng Mozart nach Wien und spielte vor dem Kaiser Joseph, der dem 12jährigen Knaben den Auftrag gab, eine Opera buffa zu schreiben. Sie hieß La finta semplice, und erhielt den Beyfall des Kapellmeisters Hasse und Metastasios, wurde aber nicht aufgeführt.

Bey diesem Aufenthalte zu Wien war er oft bey dem Dichter Metastasio, der ihn sehr liebte, bey dem Kapellmeister Hasse und dem Fürsten Kaunitz; hier gab man ihm oft die erste beste italienische Arie, zu welcher Wolfgang auf der Stelle, in Gegenwart aller Anwesenden die Musik mit allen Instrumenten setzte. Dieses Faktum bestättigen mehrere noch lebende verehrungswürdige Zeugen, aus deren Mund ich die Anekdote gehört habe.

Zu der Einweihung der Kirche des Waisenhauses, welche zu dieser Zeit gefeyert wurde, komponirte der zwölfjährige Knabe[1]) Mozart die Kirchenmusik, und dirigirte ihre Aufführung in Gegenwart des ganzen Kaiserlichen Hofes.

Das Jahr 1769 brachte er mit seinem Vater in Salzburg zu, theils in vollkommener Erlernung der italienischen Sprache, theils in der Fortsetzung des höhern Studium seiner Kunst. In demselben Jahre wurde er zum Konzertmeister bey dem Salzburgischen Hofe ernannt.

Mozart hatte nun die ansehnlichsten Länder Europens gesehen; der Ruhm seines großen, früh gereiften Künstlertalents blühte bereits von den Ufern der Donau bis zur Seine und der Themse hin; aber er war noch nicht in dem Vaterlande der Musik gewesen. Italiens Beyfall und Bewunderung mußte erst der Urkunde seines Ruhmes das Siegel aufdrücken, welches damals noch würdig war das Vaterland der Tonkunst zu heißen.[2]) Auch war es seinem nach Vollkommenheit strebenden Geiste daran gelegen, die Blüthe der Tonkunst — den Gesang in seinem natürlichen Boden zu beobachten, und die vielen großen Männer, die damals noch Italiens Ruhm in der Musik stützten, zu kennen — und von ihnen zu lernen.

Im Dezember des nämlichen Jahres verließ also Mozart blos in Begleitung seines Vaters, Salzburg. Sein erster Aufenthalt war in Inspruck, wo er in einer Akademie bey dem Grafen Künigl ein Konzert prima vista mit vieler Leichtigkeit spielte. Von da giengen sie nach Mailand.

Hatte in Frankreich und England sein großes Genie und die seltenen Kunst-Fertigkeiten Bewunderung erregt, so war es in Italien feuriger Enthusiasmus, mit dem man ihn aufnahm und erhob! Selbst der mächtige Nationalstolz, und das Vorurtheil des Ultramontanismus wich besiegt von den glänzenden Talenten des 12 jährigen

gen

gen Knaben; er schien eine Erscheinung vom Himmel, ein höherer Gebiether[1]) der Tonkunst zu seyn!

So groß war die Ueberlegenheit seines Genies, daß ihm zu Mailand nach einigen öffentlichen Proben seiner Kunst, gleich die Scrittura zu der Opera seria für den künftigen Karneval 1771 gegeben ward. Von da reisete er schon im März 1770 nach Bologna — eine Stadt die nebst Neapel den größten Ruhm der Musik hatte.

Hier fand der junge Künstler einen enthusiastischen Bewunderer an dem berühmten Kapellmeister Pater Martini, *) dem größten Kontrapunktisten und einem berühmten Schriftsteller der Musik in Italien. Künstler von wahrem Verdienst ehren einander überall! Auch haben es die Italiener nicht nur an Mozart, sondern auch an unserm Landsmann Misliweczek bewiesen, daß sie große Talente, wenn sie auch ausser Italien entsprossen sind, zu schätzen verstehen. Wie groß war die Achtung, in der dieser berühmte Böhme in Neapel und Rom stand?

Abbate Martini war nebst den andern Kapellmeistern ausser sich vor Bewunderung, als der junge Mozart über jedes Fugenthema, das ihm Martini hinschrieb, die gehörige Eintheilung und Disposition nach der ganzen Strenge der Kunst angab, und die Fuge augenblicklich auf dem Klavier ausführte.

Zu Florenz fand man bey seiner Gegenwart alles, was der Ruf von seinen Talenten sagte, zu gering, als Mozart bey dem Marchese Ligneville ebenfalls

*) Anmerkung: Ohne meine Erinnerung werden die Leser einsehen, daß dieser Martini mit dem jetzt lebenden russischen[2]) Opernkomponisten Martini, dem Verfasser der Cosa rara nicht zu verwechseln sey.

falls einem großen Kontrapunktisten, jedes angegebene Thema auf der Stelle vortreflich ausführte — jede vorgelegte Fuge, mit einer Leichtigkeit vom Blatte wegspielte, als hätte er sie selbst komponirt. Und wie wahr es ist, daß trefliche Geister einander verstehen und ihre Verwandschaft bald anerkennen, zeuget die Bekanntschaft, die hier in Florenz Mozart mit einem jungen Engländer Thomas Linley, einem Knaben von 14 Jahren gemacht hatte. Er war der Schüler des berühmten Violonisten Nardini, schon selbst Virtuose und Meister seines Instrumentes. Sie wurden bald innige vertraute Freunde; ihre Freundschaft aber war nicht Knaben Anhänglichkeit, sondern die Zärtlichkeit zweyer tieffühlenden, übereinstimmenden Seelen; sie achteten sich als Künstler, und führten sich auf wie Männer! Wie bitter war ihnen der Tag ihrer Trennung? Linley brachte Mozarten am Tage der Abreise noch ein Gedicht, das er von der Dichterin Corilla auf ihn hatte verfertigen lassen, schied unter vielen Umarmungen und Thränen von ihm, und begleitete seinen Wagen unter beständigen Aeusserungen der zärtlichsten Betrübniß bis vor das Thor.[1])

Von Florenz reisete Vater und Sohn nach Rom; sie kamen eben in der Charwoche an. Hier hatte nun Mozart Gelegenheit genug die vielen Meisterstücke der erhabensten Kirchenmusik, die in dieser heiligen Zeit bey der ernsten Feyer der Welterlösung aufgeführt werden, zu hören. Den ersten Rang darunter verdiente das berühmte Miserere, welches Mittwochs und Freytags diese Woche in der sixtinischen Kapelle blos von Vokalstimmen gesungen wurde,[2]) und das ein Meisterstück des erhabenen, feyerlichen Kirchengesanges[3]) und das non plus ultra der Kunst seyn soll; so zwar, daß es nach der Erzählung im Nekrologe[4]) den päpstlichen Musikern unter der Strafe der Exkommunikation verbothen ward, eine Kopie davon zu machen.

Daß

Dieß gab dem jungen Mozart den Gedanken ein, bey der Anhörung desselben recht aufmerksam zu seyn, und es dann zu Hause aus dem Gedächtniße aufzuschreiben. Es gelang ihm über alle Erwartung; er nahm den Aufsatz am Freytage zur Wiederholung desselben mit, um im Stande zu seyn Verbesserungen zu machen, und das Mangelhafte zu ergänzen.

Bald verbreitete sich der Ruf davon in Rom, und erregte allgemeines Aufsehen und Erstaunen; besonders, da er es in einer Akademie sang,[1]) wobey der Kastrat Christophori zugegen war, welcher es in der Kapelle gesungen hatte, und durch sein Erstaunen Mozarts Triumph vollkommen machte.

Wer es einsieht, welchen Aufwand von Kunst eine so vielstimmige, kritische Choralmusik erfodert, der wird mit Recht durch diese Begebenheit in Erstaunen gesetzt. Welch ein Ohr, Gedächtniß, Tongefühl — welche Kenntniß des Satzes war das, die vermögend war, ein solches Werk sogleich zu fassen und so vollkommen zu behalten? Dieß zu können, mußte ein höheres Maß von Kräften vorhanden seyn, als man bey Künstlern anzutreffen pflegt.[2])

In Neapel, wohin er sich aus Rom begab, fand Mozart nicht weniger Bewunderer, als in den andern Städten Italiens; denn jeder unbefangene Zuhörer mußte seinem Genie huldigen. Mozart riß als Mann, mit der Allgewalt seiner Kunst jedes gefühlvolle Herz hin: was mußte den Zuhörern in Italien geschehen, die einen Knaben sahen und den vollendetesten Künstler hörten? — Sie hielten ihn für einen Zauberer: der war nun Mozart freylich; aber die magische Kraft lag nicht in seinem Ringe, wie man in Neapel wähnte; denn als er ihn auf Verlangen der Zuhörer weglegte, war sein Spiel nicht weniger bezaubernd, als zu vor. Man denke sich nun das Erstaunen und die Bewunderung?[3]) Von Neapel kehrte Mozart, mit einem Rufe, der nur selten einem Künstler vorangeht, nach Rom zurück. Der Papst durch alle die Wunder der Kunst aufmerksam gemacht, wollte den jungen Kapellmeister sehen. Er ward ihm vorgestellt, und erhielt das Kreuz und Breve als Ritter militiae auratae.

Auf seiner Rückreise von Rom nach Mayland, hielt er sich wieder eine kurze Zeit zu Bologna auf, wo er mit einstimmiger Wahl als Mitglied und Maestro der Philharmonischen Akademie aufgenommen wurde. Zur Prüfung bekam er eine vierstimmige Fuge im Kirchenstil auszuarbeiten; man schloß ihn deshalb in ein Zimmer ganz allein ein. Er war damit in einer halben Stunde fertig, und erhielt das Diplom.

In allen diesen Städten wurden ihm Opern-Akkorde für den nächsten Fasching angetragen; da er aber bereits für Mayland versprochen war, so mußte er sie alle ausschlagen. Daher eilte er dahin zu kommen. Seine Oper unter dem Titel: Mitridate kam noch zu Ende des Jahres 1770, den 26. Dezember auf die Scene; sie erhielt allgemeinen Beyfall und ward zwanzigmal nacheinander aufgeführt. Eben darum bekam er auch alsogleich schriftlichen Akkord[1]) auf die Opera seria für den Karneval von 1773. Sie hieß, Lucio Sulla und erhielt einen noch größern Beyfall als Mitridate, denn sie wurde 26mal ohne Unterbrechen aufgeführt.

Auf seiner Rückreise aus Italien im J. 1771, besuchte er noch Venedig, und Verona; hier überreichte man ihm auch das Diplom als Mitglied der philharmonischen Gesellschaft. *) So kam er nach einem Aufenthalte von mehr als 15 Monathen in Italien, nach Salzburg

---

Anmerkung. Alle diese Diplome, so wie das Kreuz des päpstl. Ordens, bewahret die Wittwe zum Andenken.

tiefeindringenden Musik entzückt war, sagte doch zu Mozart: „Zu schön für unsere Ohren, und gewaltig viel Noten lieber Mozart!“

„Gerade so viel, Eure Majestät, als nöthig ist,“ versetzte dieser mit jenem edlen Stolze, und der Freymüthigkeit, die großen Geistern so gut anstehet. Er sah es ein, daß dieß nicht eigenes Urtheil, sondern nachgesagt war.

Ich darf hier nicht verschweigen, daß Mozart zu der Zeit, als er diese Oper schrieb, Konstanza Weber, seine nachmahlige Gemahlinn, die Schwester der berühmten Sängerinn Lang, liebte und eben Bräutigam war. Den Einfluß, den diese Seelenstimmung auf die Komposition dieser Oper haben mußte, wird jedermann erkennen, der sie gehört hat; denn wer weis es nicht, wie voll süßer Gefühle, voll schmachtender Liebe sie ist?

Ich kann den Beyfall und die Sensation, die sie in Wien erregte, nicht aus eigener Erfahrung beschreiben — aber ich bin Zeuge des Enthusiasmus gewesen, den sie bey ihrer Aufführung in Prag bey[1]) Kennern und Nichtkennern verursachte! Es war, als wenn das, was man hier bisher gehört und gekannt hatte, keine Musik gewesen wäre! Alles war hingerissen — alles staunte über die neuen Harmonien, über die originellen, bisher ungehörten Sätze der Blasinstrumente. Nun fingen die Böhmen an seine Kompositionen zu suchen; und in eben dem Jahre hörte man schon in allen bessern Musikalischen Akademien, Mozarts Klavierstücke und Sinfonien. Von nun an war die Vorliebe der Böhmen für seine Werke entschieden! Die größten Kenner und Künstler unserer Vaterstadt, waren auch Mozarts größte Bewunderer, die feurigsten Verkündiger seines Ruhmes. *)

Mo-

*) Vorzüglich der verehrte Herr Duscheck, Kucharz, Praupner, Johann

Mozart lebte bisher, ungeachtet seines großen Ruhmes ohne Anstellung, also ohne bestimmte Einkünfte. Klavier = Unterricht, und abonnirte Konzerte für einen geschlossenen Cirkel des hohen Adels, waren noch die ausgiebigsten Quellen seiner Einkünfte, wobey sich in einer Stadt, wie Wien, sicher nichts ersparen ließ.

In dieser Periode schrieb er die schönsten Sachen für das Klavier Sonaten mit und ohne Begleitung, und Konzerte, die nun in jedermanns Händen sind.

Im Jahre 1785 gab er 6 meisterhafte Quartetten [1]) im Stich heraus, mit einer Dedikation an seinen Freund den Kapellmeister Joseph Hayden, die ein schöner Abdruck seiner Hochachtung für diesen großen Mann ist; und so wie dieselbe den Ruhm Haydens, durch die Huldigungen eines Künstlers wie Mozart, vermehrt: eben so sehr gereicht sie diesem zur Ehre, und macht uns das Herz eines Mannes liebenswürdig, dessen Talent jeden zur Bewunderung hinreißt.[2])

Gewiß, Mozart hätte mit keinem Werke einen Joseph Hayden besser ehren können, als mit diesen Quartetten, die ein Schatz der schönsten Gedanken, und das Muster und eine Schule der Komposition sind. In den Augen des Kenners ist dies Werk eben so viel werth, als jede Opernkomposition Mozarts. Alles darinn ist durchgedacht, und vollendet! — Man sieht es diesen Quartetten an, daß er sich die Mühe gab Haydens Beyfall zu verdienen.

Eben

---

hann Kozeluch, (nicht Leopold der in Wien lebt,) [3]) Loschek Maschek, und Kunz.

Eben zu der Zeit machte das französische Lustspiel von Beaumarchais, Figaro sein Glück und kam auf alle Theater. Mozart ward vom Kaiser Joseph dazu bestimmt, diesem Lustspiele, nachdem es in ein Singspiel umgegossen ward, auch auf dem italienischen Operntheater durch seine Musik Celebrität zu verschaffen. Es wurde in Wien von der italienischen Opern Gesellschaft aufgeführt. Wenn es wahr ist, was man allgemein als wahr erzählt, und was sich bey so vielen glaubwürdigen Zeugen freylich nicht in Zweifel ziehen läßt, daß welsche Sänger, aus Haß, Neid und niedriger Kabale bey der ersten Vorstellung durch vorsetzliche Fehler sich alle Mühe gegeben haben, die Oper zu stürzen: so kann der Leser daraus schließen, wie sehr die ganze Faktion der italienischen Sänger und Komponisten die Ueberlegenheit des Genies in Mozart fürchtete, und wie wahr es sey, was ich kurz vorher bey Gelegenheit der Entführung aus dem Serail bemerkt habe. Dieser feige Bund verdienstloser Menschen blieb bis an das frühe Ende des unsterblichen Künstlers in voller Thätigkeit ihn zu hassen, zu verläumden, und seine Kunst herabzusetzen. Welchen Kampf hatte Mozarts Geist zu bestehen, bis er vollkommen triumphirte?

Man erzählt, daß die Sänger durch eine ernste Warnung des seligen Monarchen zu ihrer Pflicht gewiesen werden mußten, da Mozart voll Bestürzung zwischen dem 1ten Akte in die Loge kam und Ihn darauf aufmerksam machte.

So wie jedes seiner Werke in Böhmen nach seinem wahren Werthe erkannt und geschätzt wurde: so geschah es auch mit dieser Opera. Sie wurde im Jahre 1787 von der Bondinischen Gesellschaft in Prag auf das Theater gebracht und gleich bey der ersten Vorstellung mit einem Beyfall aufgenommen, der nur mit demjenigen, welchen die Zauberflöte nachher erhielt, verglichen werden kann. Es ist die strengste Wahrheit, wenn ich sage, daß diese Oper fast ohne Unterbrechen diesen ganzen Winter gespielt ward, und daß sie den traurigen Umständen des Unternehmers vollkom̄en aufgeholfen hatte. Der Enthusiasmus, den sie bey dem Publikum erregte, war bisher ohne Beyspiel; man konnte sich nicht genug daran satt hören. Sie wurde bald von einem unserer besten Meister, Herrn Kucharž in einen guten Klavier-Auszug gebracht, in blasende Parthien, ins Quintett für Kammermusik, in teutsche Tänze verwandelt: kurz Figaros Gesänge wiederhallten auf den Gässen, in Gärten, ja selbst der Harfenist bey der Bierbank mußte sein non piu andrai tönen lassen, wenn er gehört werden wollte. Diese Erscheinung hat freylich größtentheils in der Vortreflichkeit des Werkes ihren Grund; aber nur ein Publikum, welches so viel Sinn für das wahre Schöne in der Tonkunst und so viel gründliche Kenner unter sich besitzt, konnte den Werth einer solchen Kunst auf der Stelle empfinden; dazu gehört auch das unvergleichliche Orchester unserer [1]) Oper, welches die Ideen Mozarts so genau und fleißig auszuführen verstand. Denn auf diese verdienten Männer, die zwar größtentheils keine Konzertisten, aber desto gründlichere Kenner und Orchestersubjekte sind,[2]) machte die neue Harmonie und der feurige Gang des Gesanges den ersten und tiefsten Eindruck! Der nunmehr verstorbene rühmlich bekannte Orchester-Direktor Strobach versicherte oft, daß er sammt seinem Personale bey der jedesmaligen Vorstellung so sehr in Feuer gerathe, daß er trotz der mühsamen Arbeit mit Vergnügen von Vorne wieder anfangen würde. Die Bewunderung für den Verfasser dieser Arbeit gieng so weit, daß einer unserer edelsten Kavaliere und Kenner der Musik, Graf Johann Thun, der selbst eine vortrefliche Kapelle unterhielt, ihn nach Prag zu kommen einlud, und ihm Wohnung, Kost und alle Bequemlichkeiten in seinem Hause anboth. Mozart war zu sehr über die Wirkung erfreut, die seine Musik auf die Böhmen machte; zu begierig eine Nation von einem solchen Musikgefühle kennen zu lernen, als das er die Gelegenheit nicht

mit

mit Freuden ergriffen hätte. Er kam im Februar 1787 nach Prag: am Tage seiner Ankunft wurde Figaro gegeben, und Mozart erschien darinn. Alsogleich verbreitete sich der Ruf von seiner Anwesenheit im Parterre, und so wie die Sinfonie zu Ende gieng, klatschte ihm das ganze Publikum Beyfall und Bewillkommen zu.

Er ließ sich dann auf allgemeines Verlangen in einer großen musikalischen Akademie im Operntheater auf dem Pianoforte hören. Nie sah man noch das Theater so voll Menschen, als bey dieser Gelegenheit; nie ein stärkeres, einstimmiges Entzücken, als sein göttliches Spiel erweckte. Wir wußten in der That nicht, was wir mehr bewundern sollten, ob die ausserordentliche Komposition, oder das ausserordentliche Spiel; beydes zusammen bewirkte einen Totaleindruck auf unsere Seelen, welcher einer süßen Bezauberung glich! Aber dieser Zustand lösete sich dann, als Mozart zu Ende der Akademie allein auf dem Pianoforte mehr als eine halbe Stunde phantasirte und unser Entzücken auf den höchsten Grad gespannt hatte, in laute überströmende Beyfallsäusserung auf. Und in der That übertraf dieses Phantasiren alles, was man sich vom Klavierspiele vorstellen konnte, da der höchste Grad der Kompositionskunst, mit der vollkommensten Fertigkeit im Spiele vereinigt ward. Gewiß, so wie diese Akademie für die Prager die einzige ihrer Art war, so zählte Mozart diesen Tag zu den schönsten seines Lebens.

Die Sinfonien, die er für diese Gelegenheit setzte, sind wahre Meisterstücke des Instrumentalsatzes, voll überraschender Uebergänge und haben einen raschen, feurigen Gang, so, daß sie alsogleich die Seele zur Erwartung irgend etwas Erhabenen stimmen. Dieß gilt besonders von der großen Sinfonie in D dur,[1]) die noch immer ein Lieblingsstück des Prager Publikums ist, obschon sie wohl hundertmal gehört ward.

Der Opernunternehmer Bondini schloß zugleich mit Mozart den Akkord zu einer neuen Oper für die Prager Bühne auf den nächsten Winter, welche dieser gerne übernahm, weil er erfahren hatte, wie gut die Böhmen seine Musik zu schätzen und auszuführen verstanden. Dieß äusserte er oft gegen seine Prager Freunde: er war überhaupt gerne in Prag, wo ihn ein gefühlvolles Publikum, und wahre Freunde so zu sagen auf den Händen trugen. — Dem Opernorchester dankte er in einem Briefe an den damaligen Direktor Herrn Strobach sehr verbindlich, und schrieb seiner geschickten Ausführung den größten Theil des Beyfalls zu, den seine Musik in Prag erhalten hatte. *) Dieser Zug seines Herzens, so unbedeutend er scheint, ist sehr schön; er giebt einen Beweis, daß Stolz, Eigendünkel oder Undankbarkeit seine Fehler nicht waren, wie man es so häufig an viel geringern Virtuosen wahrnimmt.

In dem nemlichen Jahre 1787 gegen den Winter kam Mozart vermög seines Akkords wieder nach Prag, und vollendete da die Krone aller seiner Meisterwerke, die Oper: Il dissoluto punito, oder Don Giovanni.

Die Böhmen sind stolz darauf, daß er durch eine so erhabene und aus der Tiefe seines Genies geschöpfte Musik ihren guten Geschmack in dieser Kunst[1]) erkannte und ehrte. „Don Juan ist für Prag geschrieben" — mehr braucht man nicht zu sagen, um zu beweisen, welchen hohen Begriff Mozart von dem musikalischen Sinne der Böhmen hatte. Es gelang ihm auch vollkommen diesen Sinn zu treffen und zu rühren

---

*) Der Verfasser las den Brief im Original, und fand ihn sehr gut geschrieben.

ren; denn keine Oper hat sich hier in einem gleichen Wohlgefallen so lange auf dem Theater erhalten, als Don Juan. Es sind nunmehr zehn[1]) Jahre, seit sie gegeben wird — und noch immer hört man sie gern, noch immer lockt sie zahlreiche Versammlung in das Parterre. Kurz Don Juan ist die Lieblingsoper des bessern Publikum in Prag. Als Mozart bey der ersten Vorstellung derselben an dem Klavier im Orchester erschien, empfing ihn das ganze bis zum Erdrücken volle Theater mit einem allgemeinen Beyfallklatschen. Ueberhaupt bekam Mozart in Prag bey jeder Gelegenheit große und unzweydeutige Beweise der Hochachtung und Bewunderung, welche gewiß ehrenvoll waren, weil nicht Vorurtheil oder Mode, sondern reines Gefühl seiner Kunst daran Theil hatte. Man liebte und bewunderte seine schönen Werke; wie konnte man gegen die Person ihres großen Schöpfers gleichgütig bleiben?

In dem Jahre 1789 im Monat December schrieb Mozart das italienische komische Singspiel, Cosi fan tutte, oder die Schule der Liebenden; man wundert sich allgemein, wie der Mann[2]) sich herablassen konnte, an ein so elendes Machwerk von Text seine göttlichen[3]) Melodien zu verschwenden. Es stand nicht in seiner Gewalt, den Auftrag abzulehnen, und der Text ward ihm ausdrücklich aufgetragen. — In diese Periode fällt auch seine Reise über Leipzig und Dresden nach Berlin. *) Der große Ruf seines Namens gieng ihm voran, und man fand sich nirgends in der Erwartung getäuscht, die er überall erregt hatte. Der König von Preußen, dieser freygebige Kenner und Freund der Tonkunst, ward ganz für ihn eingenommen; und gab ihm ausgezeichnete Beweise seiner Achtung. Wie wahrhaft und daurend dieselbe gewesen sey, beweiset die königliche Großmuth, mit welcher dieser Monarch später die Wittwe Mozart in Berlin aufnahm und unterstützte.

Mo=

---

*) Er unternahm sie im Frühjahr des Jahrs 1789.

Mozart war bis jetzt noch ohne Anstellung, ohne sichere Einkünfte. So bekannt auch sein Talent war, so sehr man seine Kompositionen suchte: so wenig dachte man daran ihn zu belohnen, und zu unterstützen. Er hatte zwar oft beträchtliche Einnahmen gemacht; aber bey der Unsicherheit und Unordnung der Einkünfte, bey den häufigen Kindbetten, den langwierigen Krankheiten seiner Gattin, in einer Stadt wie Wien, mußte Mozart doch im eigentlichen Verstande darben. Er beschloß daher die Stadt zu verlassen, wo sich keine Stelle für einen Kopf wie Mozart fand. Sein Plan war nach England zu gehen, wo er ein besseres Schicksal um so mehr erwarten konnte, als ihm oft von da Einladungen und lockende Anträge gemacht wurden.

Alles war zur Abreise fertig, als ihm Kaiser Joseph den Titel eines kaiserlichen Kammerkomponisten mit einem Jahrgehalt von 800 Gulden und der Zusicherung ertheilte, daß auf ihn in der Zukunft Bedacht genommen werden würde. Mozart mochte nicht trotzen; er nahm es willig an, und blieb. Das Anstellungsdekret ist am 7. Dec. 1787 ausgestellt.

Ich überlasse es jedem Leser darüber Beobachtungen anzustellen, um die Ursachen der langen Vernachläßigung eines so großen Künstlers auszuforschen. An ihm lag die Schuld gewiß nicht; man müßte denn seinen geraden und offenen zum Bücken und Kriechen untauglichen Charakter als Schuld annehmen. — Aber er war nur ein Teutscher.[1])

So viele Feinde und Neider auch jeden seiner Vorzüge durch Herabsetzung und Verläumdung zu verdunkeln bemüht waren: so vollkommen war dennoch der Triumph seiner Kunst bey unbefangenen, von dem Roste der Mode unverletzten Seelen. Alle wahren Kenner der Tonkunst huldigten seinem Genie. Ich will davon ein Beyspiel anführen.

Der als Staatsmann und Gelehrter gleich verehrungswürdige Baron von Switten, ein wahrer Kenner der Tonkunst, voll Gefühl für den ernsten Gesang des erhabenen Händels, ließ oft die Werke dieses

berühm=

berühmten Tonkünstlers, die für den tändelnden Modegeschmack unserer Tage eine zu derbe[1]) Kost sind, in Privatkonzerten aufführen. Er bediente sich dazu der Talente unsers Mozarts, der die großen Ideen Händels mit der Wärme seiner Empfindung zu beleben und durch den Zauber seines Instrumentalsatzes für unser Zeitalter genüßbar zu machen verstand. *) Baron von Switten korrespondirte oft über diese Angelegenheit mit Mozart, und schrieb ihm einst unter andern:

Den 21sten März 1789.

„Ihr Gedanke, den Text der kalten Arie in ein Recitativ zu
„ bringen ist treflich, und in der Ungewißheit ob Sie wohl die Worte
„ zurückbehalten haben, schicke ich sie Ihnen hier abgeschrieben. Wer
„ Händel so feyerlich und so geschmackvoll kleiden kann, daß er einer-
„ seits auch dem Modegecken gefällt, und andererseits doch immer in
„ seiner Erhabenheit sich zeiget, der hat seinen Werth gefühlt, der hat
„ ihn verstanden, der ist zu der Quelle seines Ausdruckes gelanget und
„ kann und wird sicher daraus schöpfen. So sehe ich dasjenige an,
„ was Sie leisteten, und nun brauche ich von keinem Zutrauen mehr
„ zu sprechen, sondern nur von dem Wunsche das Rezitativ bald
„ zu erhalten."

Switten.

Dieser vortrefliche über alles Lob erhabene Mann blieb stets ein wahrer Freund Mozarts, und ist nun Vater seinen hinterlassenen Waisen.[2])

Der Türkenkrieg und der dadurch veranlaßte Tod des edelsten Monarchen, des unvergeßlichen Josephs, raubte auch Mozarten

eine

*) Mozart bearbeitete für ihn Händels, Acis und Galathea; Messias, Cecilia, und das Fest des Alexanders in den Jahren 1788, 89, 90.

eine große Stütze seiner Hoffnungen; er blieb Kapellmeister mit 800 fl. und ohne Wirkungskreis!

Aber auch sein Ende rückte nun heran; er sollte den großen Monarchen nicht lange überleben. Das Jahr 1791, furchtbar reich an großen Todten, ward bestimmt auch den Stolz der Tonkunst zu entreissen. Mozart hatte jedoch zuvor der Nachwelt mit vollen Händen aus dem Reichthume seines Geistes ausgespendet. Daher ist dieses Jahr eben so merkwürdig durch die Schöpfung seiner schönsten Werke, als es uns durch seinen unerwarteten Tod schmerzhaft geworden ist. In demselben, ja gewissermassen nahe an dem Ziele seines Lebens schuf er die Musik zu der Zauberflöte, zu der ernsthaften Oper, La Clemenza di Tito und das furchtbarerhabene Requiem (Seelenmesse) welches er nicht einmal mehr vollenden konnte. So gewiß es ist, daß diese drey Werke ihm den ersten Platz unter den Tonkünstlern seines Zeitalters und unsterblichen Ruhm versichert haben, so sehr vermehren sie die Sehnsucht nach dem Entrissenen, durch den Gedanken, der sich dem gefühlvollen Zuhörer unter dem Genuße seiner Werke unwiderstehlich aufdringt: „Ach! wie viel würde der Mann noch geleistet, welche Harmonien geschaffen haben?"

Die Zauberflöte setzte er für das Theater des bekannten Schikaneders, der sein alter Bekannter war. Die Musik zu der Oper La Clemenza di Tito war von den böhmischen Ständen zu der Krönung des Kaisers Leopold bestellt. Diese letzte begann er in seinem Reisewagen auf dem Wege von Wien, und vollendete sie in dem kurzen Zeitraume von 18 Tagen in Prag.

Die Geschichte seines letzten Werkes, der erwähnten Seelenmesse, ist eben so geheimnißvoll als merkwürdig.

Kurz vor der Krönungszeit des Kaisers Leopold, bevor noch Mozart den Auftrag erhielt nach Prag zu reisen, wurde ihm ein

Brief ohne Unterschrift von einem unbekannten Bothen übergeben, der nebst mehreren schmeichelhaften Aeusserungen die Anfrage enthielt, ob Mozart eine Seelenmesse zu schreiben übernehmen wollte? um welchen Preis und binnen welcher Zeit er sie liefern könnte?

Mozart der ohne das Mitwissen seiner Gattin nicht den geringsten Schritt zu thun pflegte, erzählte ihr den sonderbaren Auftrag, und äußerte zugleich sein Verlangen sich in dieser Gattung auch einmal zu versuchen, um so mehr, da der höhere pathetische Stil der Kirchenmusik immer sehr nach seinem Genie war. Sie rieth ihm den Auftrag anzunehmen. Er schrieb also dem unbekannten Besteller zurück, er würde das Requiem für eine gewisse Belohnung verfertigen; die Zeit der Vollendung könne er nicht genau bestimmen; er wünsche jedoch den Ort zu wissen, wohin er das Werk, wenn es fertig seyn würde, zu übergeben habe. In kurzer Zeit erschien derselbe Bothe wieder, brachte nicht nur die bedungene Belohnung mit, sondern noch das Versprechen, da er in dem Preise so billig gewesen sey, bey der Absendung des Werkes eine beträchtliche Zugabe zu erhalten. Er sollte übrigens nach der Stimmung und Laune seines Geistes schreiben, sich aber gar keine Mühe geben, den Besteller zu erfahren, indem es gewiß vergeblich seyn würde.

Mittlerweile bekam Mozart den ehrenvollen und vortheilhaften Antrag für die Prager Krönung des Kaisers Leopold die Opera seria[1]) zu schreiben. Nach Prag zu gehen, für seine lieben Böhmen zu schreiben, hatte für ihn zu viel Reiz, als daß er es hätte ausschlagen können!

Eben als Mozart mit seiner Frau in den Reisewagen stieg, stand der Bothe wie ein Geist da, zupfte die Frau an dem Rocke, und fragte: „Wie wird es nun mit dem Requiem aussehen? —“

Mozart entschuldigte sich mit der Nothwendigkeit der Reise und der Unmöglichkeit seinem unbekannten Herrn davon Nachricht geben zu können; übrigens würde es seine erste Arbeit bey der Zurückkunft seyn, und es käme nur auf den Unbekannten an, ob er solange warten wolle. Damit war der Bothe gänzlich befriedigt.

Schon in Prag kränkelte und medizinirte Mozart unaufhörlich; seine Farbe war blaß und die Miene traurig, obschon sich sein munterer Humor in der Gesellschaft seiner Freunde doch oft noch in fröhlichen Scherz ergoß.[1])

Bey seiner Zurückkunft nach Wien nahm er sogleich seine Seelenmesse vor, und arbeitete mit viel Anstrengung und einem lebhaften Interesse daran: aber seine Unpäßlichkeit nahm sichtbar zu, und stimmte ihn zur düstern Schwermuth. Seine Gattin nahm es mit Betrübniß wahr. Als sie eines Tages mit ihm in den Prater fuhr, um ihm Zerstreuung und Aufmunterung zu verschaffen, und sie da beyde einsamm saßen, fing Mozart an vom Tode zu sprechen, und behauptete, daß er das Requiem für sich setze. Thränen standen dem empfindsamen Manne in den Augen. „Ich fühle mich zu sehr, sagte er weiter, mit mir dauert es nicht mehr lange: gewiß, man hat mir Gift gegeben! Ich kann mich von diesem Gedanken nicht los winden. —“

Zentnerschwer fiel diese Rede auf das Herz seiner Frau; sie war kaum im Stande ihn zu trösten, und das Grundlose seiner schwermüthigen Vorstellungen zu beweisen. Da sie der Meynung war, daß wohl eine Krankheit im Anzuge wäre, und das Requiem seine empfindlichen Nerven zu sehr angreife, so rief sie den Arzt, und nahm ihm die Partitur der Komposition weg.

Wirklich besserte sich sein Zustand etwas, und er war während desselben fähig eine kleine Kantate, die von einer Gesellschaft für ein Fest bestellt wurde, zu verfertigen. Die gute Ausführung derselben und der große Beyfall, mit dem sie aufgenommen ward, gab seinem Geiste neue Schnellkraft. Er wurde nun etwas munterer und verlangte wiederholt sein Requiem fortzusetzen und zu vollenden. Seine Frau fand nun keinen Anstand ihm seine Noten wieder zu geben.

Doch kurz war dieser hoffnungsvolle Zustand; in wenig Tagen verfiel er in seine vorige[1]) Melancholie, ward immer matter und schwächer, bis er endlich ganz auf das Krankenlager hinsank, von dem er ach! nimmer aufstand!

Am Tage seines Todes ließ er sich die Partitur an sein Bette bringen. „Hab ich es nicht vorgesagt, daß ich dieß Requiem für mich schreibe?“ so sprach er, und sah noch einmal das Ganze mit nassen Augen aufmerksam durch. Es war der letzte schmerzvolle Blick des Abschiedes von seiner geliebten Kunst — eine Ahndung seiner Unsterblichkeit!

Gleich nach seinem Tode meldete sich der Bothe, verlangte das Werk, so wie es unvollendet war, und erhielt es. Von dem Augenblicke an sah ihn die Wittwe nie mehr, und erfuhr nicht das mindeste, weder von der Seelenmesse, noch von dem Besteller. Jeder Leser kann sich vorstellen, daß man sich alle Mühe gab den räthselhaften Bothen auszuforschen, aber alle Mittel und Versuche waren fruchtlos. *)

E 2 Mozart

*) Die Wittwe besitzt die Partitur desselben, und verwahrt sie wie eine Reliquie.[2]) Der Verfasser erzählt die Begebenheit, wie er sie oftmals aus dem Munde der Wittwe gehört hatte, und überläßt es jedem Leser Betrachtungen darüber anzustellen. Er sah eines der Billetter, die der unbekannte Besteller an Mozart schrieb. Man kann daraus nichts Besonders abnehmen. Es ist sehr kurz, Mozart wird

darinn

Mozart blieb während seiner Krankheit bey vollkommenem Bewußtseyn bis an sein Ende, und starb zwar gelassen, aber doch sehr ungern. Jedermann wird dieß begreiflich finden, wenn er bedenkt, daß Mozart eben dazumal das Anstellungsdekret als Kapellmeister in der St. Stephanskirche mit allen Emolumenten, die von Altersher damit verbunden waren, bekam, und nun erst die frohe Aussicht hatte, bey hinlänglichen Einkünften ruhig, ohne Nahrungssorgen leben zu können. Auch erhielt er fast zu gleicher Zeit aus Ungarn und Amsterdam ansehnliche Bestallungen[1]) und Akkorde auf periodische Lieferungen gewisser Kompositionen.

Dieses sonderbare Zusammentreffen so glücklicher Vorbothen eines bessern Schicksales — seine gegenwärtigen traurigen Vermögensumstände — der Anblick einer trostlosen Gattin — der Gedanke an zwey unmündige Kinder: alles dieses war nicht gemacht, einen bewunderten Künstler, der nie Stoiker gewesen ist, in seinem 35ten Jahre die Bitterkeit des Todes zu versüssen. „Eben jetzt, so klagte er oft in seiner Krankheit, soll ich fort, da ich ruhig leben würde! Jetzt meine Kunst verlassen, da ich nicht mehr als Sklave der Mode, nicht

mehr

---

darinn ersucht das Requiem zu senden, und eine Summe zu bestimmen, um welche er jährlich eine gewisse Anzahl Quartetten machen könnte. Warum hat der unbekannte Verehrer der Talente Mozarts, (so nannte er sich,) für gut gefunden verborgen zu bleiben? Was ist mit dem Requiem geschehen? Man erfuhr nie, daß es irgendwo aufgeführt worden sey. Mozarts Freunden würde es[2]) ein großes Vergnügen machen, einigen Aufschluß über die Sache zu erhalten. Denn man kann keine gegründete Ursache denken, die eine solche geheimnißvolle Verborgenheit nothwendig machte.

ließ in einem öffentlichen Konzert zu ihrem Besten die merkwürdige Seelenmesse aufführen. Der große Ruf dieses Meisterstückes und der Wunsch, die Waisen zu unterstützen, zog ein zahlreiches Publikum hin, und man muß es den edlen Freunden der Kunst in Wien zum Ruhme nachsagen, daß dieselben auch nach 6[1]) Jahren noch gegen den Mozartischen Namen nicht gleichgültig geworden sind. In allen musikalischen Akademien, die der Wittwe jährlich[2]) zu ihrem Besten zugestanden werden, ist das Haus voll, und die Einnahme gut. Sie führte schon in einigen solchen Konzerten die Musik der Clemenza di Tito mit dem größten Beyfalle auf, und das Publikum von Wien hört sie noch immer wieder mit Vergnügen.[3])

Aber die Großmuth des sel. Kaisers Leopold, dieses menschenfreundlichen, für die Wissenschaften und Künste so früh entrissenen Monarchen, übertraf alles, was bisher der Wittwe zum Besten geschah.

Mozarts Feinde und Verläumder wurden besonders gegen sein Ende, und nach seinem Tode so boshaft, so laut, daß bis zu dem Ohre des Monarchen manche nachtheilige Sage von Mozart gedrungen war. Diese Ausstreuungen und Lügen waren so unverschämt, so empörend, daß der Monarch, von Niemanden des Gegentheiles belehrt, sehr entrüstet war. Nebst einer schändlichen Erdichtung und Vergrößerung von Ausschweifungen, denen Mozart, wie sie sagten, ergeben gewesen sey, behauptete man, daß er nicht weniger als 30,000 Gulden Schulden hinterlassen habe — eine Summe, über die der Monarch erschrack!

Die Wittwe war eben gesonnen den Monarchen um Pension zu bitten. Eine edeldenkende Freundin und vortrefliche Schülerin Mozarts unterrichtete sie von den Verläumdungen ihres Mannes bey Hofe, und gab ihr den Rath den gütigen Monarchen bey der Audienz eines Bessern zu belehren.

Die Wittwe hatte bald Gelegenheit ihren Rath auszuführen.

„Euer Majestät," sagte sie mit edlem Eifer bey der Audienz, „jeder Mensch hat Feinde; aber heftiger und anhaltender „ist noch niemand von den seinigen verfolgt und verläumdet worden, „als mein Mann, blos weil er ein so großes Talent war! Man „hat es gewagt Euer Majestät viel Unwahres über ihn zu sagen: „man hat seine hinterlassene Schulden zehnfach vergrößert. Ich ste„he mit meinem Leben dafür, daß ich mit einer Summe von unge„fähr 3000 Gulden alles bezahlen könnte was er schuldig ist. Und „diese Schuld ist nicht muthwillig gemacht worden. Wir hatten keine „sichern Einkünfte; häufige Kindbetten, eine schwere und kostbare „Krankheit von anderthalb Jahren, die ich auszustehen hatte, werden „bey dem menschenfreundlichen Herzen meines Monarchen zur Ent„schuldigung dienen."

Wenn es so ist, „sagte der Monarch," da ist wohl noch Rath zu schaffen. Geben sie ein Konzert von seinen hinterlassenen Werken, und ich will es unterstützen.

Er nahm ihr die Bittschrift gnädig ab; und in kurzer Zeit ward ihr eine Pension von 260 fl. angewiesen, die zwar an sich gering ist, aber da Mozart erst 3 Jahre angestellt, folglich die Wittwe noch nicht pensionsfähig war, so bleibt es immer eine Gnade. Die Akademie ward unternommen, und der unsterbliche Monarch erfüllte so großmüthig sein Versprechen, daß die Wittwe dadurch in den Stand gesetzt wurde, die Schulden ihres Mannes zu tilgen.

Aus dieser Begebenheit kann man schließen, wie viel an den boshaften Erzählungen von der Unordnung seines Vermögens,[1]) seiner Verschwendung und dergleichen Anschwärzungen Wahres seyn mag. Da man so wenig seiner Größe als Künstler beyzukommen im Stande war, so suchte der grämliche Neid seinen moralischen Charakter zu

verstel-

verstellen! Eine sehr leichte und gewöhnliche Taktik kleiner Seelen, denen jedes Verdienst, jede Größe unausstehlich ist: um so mehr, wenn sie ihrem kleinen Gewerbe zu schaden droht! Es ist nur Gerechtigkeit, die dem Verdienste gebührt, wenn man sich Mühe giebt solche fremde Flecken aus dem Gemählde würdiger Menschen zu verwischen.

Wenn gegen Mozart diejenige Billigkeit ausgeübt wird, die jeder an sich selbst zu erfahren wünschen muß, so wird er deshalb noch nicht als Muster der Oekonomie und Sparsamkeit angepriesen. Es ist wahr; er hätte den Werth des Geldes besser kennen[1]) sollen: aber darf ein großer Geist keine Schwächen, keine Fehler haben? Greifet[2]) doch, die ihr so streng über ihn aburtheilet, auf euer Herz und sagt mit Horazen: — — — Quid tu?

nullane habes vitia?

Und seyd ihr in irgend einer Kunst Mozarte? — Die Entschuldigung der Schulden, die er hinterließ, vernahmen wir eben aus dem Munde seiner Wittwe; und gewiß, sie ist nicht ungegründet.

Mozart hinterließ von mehreren Kindern nur zwey Söhne, wovon der jüngere etwa 4 Monathe alt war, als der Vater starb. Er heißt Wolfgang,[3]) und zeigt ein vorzügliches Talent für Musik. Es wäre sonderbar, wenn die scherzhafte Behauptung seines Vaters einträfe, daß dieser wieder ein Mozart werden würde, weil er einst im Weinen in den Ton einstimmte, aus dem Mozart eben spielte. Doch, dem Sohne fehlt eine so zärtliche Vaterhand, wie diejenige war, die dem Genie des Vaters bildend entgegen kam!

In dem nördlichen Teutschland wurde Mozarts Ruhm erst bey der Erscheinung der Zauberflöte allgemein verbreitet; seit diesem Zeitpunkte, der erst nach seinem Tode eintraf, ist man da auch auf seine übrigen Werke recht aufmerksam geworden. Mozart hatte also die außerordentliche Wirkung, die seine Kunstwerke überall hervorbrachten, diese schöne Blüthezeit seines Ruhmes nicht erlebt! Aber seine Wittwe erntete die Früchte dieses edlen Enthusiasmus auf ihrer Reise, welche sie im Jahre 1796 durch Nordteutschland gemacht hatte.[1]) Ueberall erfuhr sie zu ihrer innigsten Wonne, wie gern die Teutschen wahres Verdienst erkennen und ehren, und wie tief Mozarts Gesänge auf ihre Herzen gewirket haben. Sie denkt nie ohne Rührung an den Aufenthalt in Leipzig, Halle, Hamburg und Berlin.[2])

Bey ihrem Aufenthalte zu Berlin im Febr. 1796 gab der höchstsel. König Wilhelm II., dieser vortrefliche Freund der Tonkunst, und der ganze königl. Hof ausgezeichnete Beweise seiner Liebe und Achtung für das Genie Mozarts. Durch ein gnädiges Handbillet ward ihr blos aus Rücksicht auf die Talente ihres Mannes das königl. Theater und die Kapelle zum Gebrauche für ihr Konzert überlassen; und ihre Unternehmung wurde nicht nur von dem Monarchen, sondern auch von dem ganzen Publikum auf das großmüthigste unterstützt. Ueber alle Beschreibung groß und rührend war die Wirkung, welche die Aufführung der Singstücke aus der Oper: La Clemenza di Tito bey dem Konzerte auf den König, und das so ungewöhnlich zahlreich versammelte Publikum machte. Alles war gleich begeistert, die großen Sänger, das vortrefliche Orchester und die Zuhörer. Der Geist des verewigten Künstlers, (so drückt sich ein Berliner Wochenblatt, worinn die Akademie sehr interessant beschrieben wurde) schien über der Versammlung zu schweben, als zum Anfange die Sinfonie aus der Zauberflöte von dem Orchester so meisterhaft vorgetragen, eine feyerliche, einweihende Stille hervorbrachte; *)[3]) Das Handbillet worinn der König

*) Jeder Kenner der Werke Mozarts wird sich dieses Enthusiasmus erfreuen; denn er sieht daraus, daß das Publikum von Berlin einen reine-

nig von Preußen einen so rühmlichen Beweis seines guten Geschmackes und der Achtung für teutsches Talent gegeben, lautet wörtlich so:

„ Sr. Königliche Majestät von Preußen ꝛc. ꝛc. machen sich
„ ein wahres Vergnügen, durch die Gewährung des Wunsches der
„ Wittwe Mozart zu beweisen, wie sehr Sie das Talent ihres verstorbe-
„ nen Mannes geschätzt und die ungünstigen Umstände bedauert haben,
„ welche ihm die Früchte seiner Werke einzuerndten verhinderten. Aller-
„ höchst dieselben bewilligen der Wittwe Mozart zur Aufführung des-
„ sen letzter Komposition, La Clemenza di Tito das große Opernhaus, so
„ wie Dero eigenes Orchester, haben auch dieserhalb die nöthigen Be-
„ fehle an den Kammerherrn Freyherrn von der Reck erlassen, an wel-
„ chen sich selbige nunmehr zu wenden hat, und wegen des hiezu zu
„ bestimmenden Tages und wegen des übrigen Details mit ihm sich gehörig
„ zu besprechen. Berlin den 14ten Februar 1796."

Fr. Wilhelm.

So dachte dieser König von den Talenten Mozarts. Die Gnade die er ertheilte, hat zwar einen hohen Werth; aber die lieblicht Art, mit der sie gegeben ward, erhöht den Werth unendlich! Die Wittwe redet nie ohne Thränen der reinsten Dankbarkeit von der Gnade des Königes und rühmt die vielen guten Menschen, die sie in Berlin gefunden hatte.[1])

reineren, Sinn für die Schönheiten der Musik hat, als seine musikalischen Rezensenten; wenigstens wurde dadurch die ungeschickte Beurtheilung dieser Oper in dem Januarstück 1796 der Monatsschrift: Teutschland, in ihrem eigenen Vaterlande handgreiflich widerlegt. Man sagte sie sey vom Kapellmeister Reichardt; aber dem Verfasser ist es unglaublich, daß Reichardt etwas so einseitiges und schülerhaftes schreiben könnte.

Die Körperbildung dieses ausserordentlichen Menschen hatte nichts Auszeichnendes; er war klein,[1]) und sein Angesicht, wenn man das große feurige Auge ausnimmt, kündigte die Größe seines Genies nicht an.

Der Blick schien unstet und zerstreut, außer wenn er bey dem Klavier saß; da änderte sich sein ganzes Antlitz! Ernst und versammelt ruhte dann sein Auge; auf jeder Muskelbewegung drückte sich die Empfindung aus, welche er durch sein Spiel vortrug und in dem Zuhörer so mächtig wieder zu erwecken vermochte.

Er hatte kleine schöne Hände; bey dem Klavierspielen wußte er sie so sanft und natürlich an der Klaviatur zu bewegen, daß sich das Auge daran nicht minder, als das Ohr an den Tönen ergötzen mußte.[2]) Es ist zu verwundern, wie er damit so vieles besonders im Basse greifen konnte? Diese Erscheinung muß man der treflichen Applikatur zuschreiben, die er nach eigenem Geständniße dem fleißigen Studium der Bachischen Werke zu danken hatte.

Das Unansehnliche in seinem Aeußern,[3]) der kleine Wuchs seines Körpers kam von seiner frühen Geistesanstrengung her, und von dem Mangel an freyer Bewegung in der Zeit seiner Kindheit. Er war zwar von schönen Eltern erzeugt, und soll selbst ein schönes Kind gewesen seyn;[4]) aber von dem 6ten Lebensjahre an war er an eine sitzende Lebensweise gebunden, um diese Zeit fing er schon an zu schreiben! Und wie viel hat der Mann nicht in seinem Leben; besonders in den letzten Jahren[5]) geschrieben? Da Mozart bekanntermassen in der Nacht am liebsten spielte und komponirte und die Arbeit oft dringend war: so kann sich jeder vorstellen, wie sehr ein so fein organisirter Körper darunter leiden mußte! Sein früher Tod (wenn er ja nicht auch künstlich befördert war), muß diesen Ursachen hauptsächlich zugeschrieben werden.

Aber

Aber in dem unansehnlichen Körper wohnte ein Genius der Kunst, wie ihn nur selten ihren Lieblingen die Natur verleiht.[1])

Die Größe und der Umfang seines Genies läßt sich nur nach dem so frühen, so beyspiellos schnellen Gange seiner Entwicklung, und nach der hohen Stufe der Vollkommenheit abmessen, auf die er in seiner Kunst gestiegen war. Nie hat ein Tonkünstler das weite Gebiet seiner Kunst so ganz umfaßt,[2]) und in jedem Zweige derselben so geglänzt,[3]) als Mozart. Von der Schöpfung einer Oper an bis zu dem einfachen Liede: von der krittischen Erhabenheit einer Sinfonie, bis zu dem leichten Tanzstückchen herab, tragen seine Werke überall den Stempel der reichsten Phantasie, der eindringendsten Empfindung, des feinsten Geschmackes. Sie haben eine Neuheit und Originalität, die eine getreue Beurkundung seines Genies ist. Selbst dasjenige, welches man ihm als Fehler vorwirft, zeuget von der Kraft seines freyen, eine neue Bahn gehenden Geistes. Dazu denke man noch die unbegreifliche Leichtigkeit,[4]) mit welcher er die meisten seiner Werke schuf, und die Vollkommenheit, die er zugleich im Klavierspielen erreicht hatte!

Alle diese so seltenen, so manichfaltigen und so innig verwebten Vorzüge bestimmen den Rang, der ihm unter den Genien der Künste gebührt. Er war unstreitig einer der großen, schöpferischen Geister, die in ihrer Kunst Epoche machen, weil sie dieselbe vervollkommnen, oder doch ihren Nachfolgern neue Ansichten und Pfade eröffnen; nach deren Erscheinung aber die Kunst gewöhnlich still stehet, oder rückwärts geht.

Unter den schönen Künsten ist keine so sehr Sklavin der Mode und des Zeitgeschmackes, als die Musik. Da sie bey uns blos dem Unterhalte[5]) dient, blos Sache des Einzelnen bleibt, keinen Vereinigungspunkt, keine Anstalt hat, wodurch der Geschmack des Publikums die gehörige Richtung bekäme; da ferner ihre Theorie noch zu wenig

bestimmt

bestimmt und entwickelt ist, um selbst den Künstlern eine Gränze zu zeigen oder ein Ideal vorzustellen: so muß sie immer zwischen der Laune der Mode, dem Eigensinne eines verderbten Geschmackes und zwischen den aufgestellten Mustern großer Künstler unstet hin und her schwanken, und erhält nie einen sichern Gang zur Vollkommenheit. Ueberdieß sind ihre Zeichen und Formen zu unbestimmt, und das Ohr, durch welches sie auf den Geist wirket, ist ein viel zu untreuer Bothe; seine Sensationen sind zu dunkel, als daß man so deutlich bestimmen könnte, welches darinn das wahre Schöne sey. Was dem großen Haufen gefällt — heißt schön! Das Neue hat einen starken Reiz; daher ist es seines Sieges über das bessere Alte gewiß; und darum gilt alte Musik und alte Mode einerley. Denn die wenigsten Menschen haben Kunstgefühl [1]) und Kenntniß genug, um ächte Schönheit, vom Flitterstaate zu unterscheiden. Wenn größere Geister durch ihre Meisterwerke mehr, als eine augenblickliche Rührung hervorbringen, so summern doch der Leyermänner der zwey Schwestern von Prag, des Tyroler Wastels, und dergl. schönen Sächelchen, so lange dem Publikum um die Ohren bis der Nachhall schönerer Töne verschwindet! Dann kennt man die Namen großer Meister nur noch aus Büchern; ihre himmlischen Harmonien sind längst verhallt! Das ist gewöhnlich das traurige Schicksal der Musik! Wie viel Kraft, wie viel klassischen Gehalt muß also in den Werken Mozarts liegen, wenn ihre Wirkung von dieser Erscheinung eine Ausnahme machet? Ihre Schönheit empfindet man gewöhnlich dann erst recht lebhaft, wenn man sie öfters gehört, oder recht scharf geprüfet hat. Oder haben uns wohl Figaro, Don Juan, Titus, während ihrer vieljährigen Vorstellung noch jemals Langeweile gemacht? Hört man seine Klavierkonzerte, Sonaten, Lieder das dreyßigstemal nicht so gern,[2]) wie das erstemal? Wer hat die tiefgedachten Schönheiten seiner Violin Quartetten und Quintetten nach der häufigsten

Wieder=

Wiederholung erschöpft? Dieses ist der wahre Probirstein des klassischen Werthes! die Meisterstücke der Römer und Griechen gefallen bey fortgesetzter Lektüre und je reifer der Geschmack wird, immer mehr und mehr — das nemliche widerfährt dem Kenner und Nichtkenner bey der Anhörung Mozartischer Musik, besonders der dramatischen Werke. So gieng es uns bey der ersten Vorstellung des Don Juan und insbesondere bey der Clemenza di Tito![1])

Nebst den oben angeführten Eigenheiten und Vorzügen des Mozartischen Kunsttalentes, beobachtet[2]) an ihm der aufmerksamen Schätzer seiner Werke einen gewissen feinen Sinn, den Charakter jeder Person, Lage und Empfindung aufs genaueste treffen;

reddere convenientia cuique.

Diese Eigenschaft war sein wahrer Beruf zum dramatischen Komponisten, und ist zugleich der Erklärungsgrund des Zaubers und der großen Wirkung seiner Werke. Daher hat jede seiner Kompositionen einen bestimmten eigenthümlichen Charakter, den selbst die Wahl der Tonart nicht verläugnet.[3]) Kenner seiner Werke bedürfen keiner besondern Beyspiele, da alle Opern von seiner Komposition diese Eigenschaft im hohen Grade an sich haben; aber das schönste Muster davon ist die ganze[4]) Clemenza di Tito. — Wie ganz anders bey dem gewöhnlichen Kompositionen? Es sind größtentheils Gesänge von so unbestimmten Charakter, daß sie eben so gut zu einer Messe, als Opera buffa taugen.

Eine andere auszeichnende Eigenheit seiner Werke ist die Verbindung der höchsten Kompositionskunst mit Lieblichkeit und Anmuth. Diese Vereinigung ist eine Aufgabe blos für Künstler von Mozartischem Genie. Den Beweis davon giebt die Erfahrung. Wie selten trift man auf Kompositionen, die den beyden Forderungen Genüge leisteten? Entweder sind es blos kontrapunktische Kunststücke, die wohl allen Regeln des Satzes zusagen mögen; aber Wärme, Anmuth,

Lieblich-

Lieblichkeit, diese wahren Zaubermittel der Rührung, wußte ihnen ihr Meister nicht anzuziffern: oder es sind geistlose, fade Liedeleyen, ohne Sinn und Zusammenhang, kaum im Stande dem Ohre mit ihrem übersüßen Geklingel einen vorübergehenden Kitzel zu verursachen.

Wie ganz anders ist es beym Mozart? Wie schmilzt in seinen Werken das, was man Kunst des Satzes nennt, mit Anmuth, Lieblichkeit und Wohllaut so schön zusammen, daß das eine wegen des andern da zu seyn scheint — und beydes zur Hervorbringung des[1]) Effektes gleich wirksam ist! Und doch, wie mässig und besonnen war er in dem Gebrauche der Süßigkeiten und Gewürze? Er kannte die hohe Forderung der Kunst und der Natur. Er schrieb, was sein Genius ihm eingab, was sein richtiger Geschmack wahr fand, unbekümmert ob es nach dem Geschmacke des Parterres seyn würde oder nicht; und so bildete er sich selbst[2]) das Publikum, überzeugt, daß wahre Schönheit wie die Wahrheit, endlich doch erkannt wird und gefällt. Dieß thaten immer große Künstler, welche die Kraft hatten einen eigenen Weg zu gehen, und der Mode nicht zu fröhnen.

Der Punkt dieser schönen Vereinigung der Gründlichkeit des Satzes mit Anmuth und Lieblichkeit ist gewiß die trefliche und vor seiner Zeit unbekannte Art die Blasinstrumente zu brauchen und wirken zu lassen. Hierinn glänzt seyn[3]) Genie ohne Beyspiel und Nebenbuhler.

Er maß mit dem feinsten Sinne die Natur und den Umfang der Instrumente ab, zeichnete ihnen neue Bahnen vor, und gab jedem derselben die vortheilhafteste Rolle, um die kraftvolle Masse von Harmonie hervorzubringen, welche die Bewunderung aller Kenner erzwingt und das Muster und Studium der guten Köpfe bleiben wird.[4])

Wie leise schmiegen sich nun[5]) die Töne seiner[6]) Blasinstrumente dem Hauptgesange an? wie kühn wetteifern sie bald wieder mit der Singstimme? Welche feine Wendungen? Welche Mannichfaltigkeit und

Abwechs-

Abwechslung überall? Bald wieder, wo es der Gegenstand oder Affekt erfordert, wie abstehend der Kontrast? Wie gewaltig das Aufbrausen der Leidenschaft? Selbst in Stücken ohne Singstimmen lehrte Mozart seinen Instrumenten[1]) einen Gesang, der so vernehmlich zu dem Gefühle spricht, daß der Zuhörer nur wenig die Abwesenheit der Singstimme wahrnehmen kann.[2])

Bey dem häufigen Gebrauche der Blasinstrumente, wie vollkommen wußte doch Mozart alle Ueberladung zu vermeiden? wie richtig den Ort und den Zeitpunkt zu treffen, wo sie Effekt machen? Nie ist ein Instrument verschwendet oder mißbraucht, und daher überflüßig. Aber nur er verstand die Oekonomie mit dem geringsten Aufwande, oft durch einen einzigen Zug eines Instruments, durch einen Akkord, einen Trompetenstoß[3]) die größte Wirkung hervorzuzaubern! Wie tief sind viele seiner Nachahmer hierinnen unter ihm?

So groß, so neu immer Mozart in der Instrumentalpartie seyn mag, so entfaltet sich doch sein mächtiges Genie noch reizender in dem Satze des Gesanges für menschliche Stimmen. Hierinn erwarb er sich ein zweyfaches gleich großes Verdienst. Mit richtigem Geschmacke führte er ihn zu seiner anspruchslosen Mutter, der Natur und Empfindung zurück. Er wagte es den italienischen Sängern zu trotzen,*) alle unnützen charakterlosen Gurgeleyen, Schnörkel und Passagen zu

 verban-

*) Auch dieß ist eine Ursache der Abneigung der welschen Sänger gegen seine Werke; eine noch stärkere ist die Mühe, die es ihrer Unwissenheit kostete seine Gesänge einzustudiren. Mozart hat zwar bisweilen von diesem Grundsatze eine Ausnahme gemacht. Aber war er denn in bestellten Sachen immer frey? Mußte er nicht gegen Sänger

ger

verbannen! Daher ist sein Gesang überall einfach, natürlich, kraftvoll, ein reiner Ausdruck der Empfindung und der Individualität der Person und ihrer Lage. Der Sinn des Textes ist immer so richtig und genau getroffen, daß man ausrufen muß: „Wahrlich die Musik spricht"! Aber Mozart scheint sich selbst zu übertreffen, wenn er den Gesang für mehrere Stimmen dichtet, in Terzetten, Quartetten, Quintetten d. h. in vielstimmigen Stücken; vorzüglich in seinen unübertrefflichen, wahrlich einzigen Operfinalen. Welcher Reichthum? welche Manigfaltigkeit in Wendungen und Veränderungen? Wie schlingt sich da eine Stimme um die andere? wie schön vereinigen sie sich alle ein reizendes Ganze zu bilden, eine neue Harmonie hervorzubringen? Und doch sagt jede nur ihre eigene oft entgegengesetzte Empfindung! Hier ist die größte Manigfaltigkeit und die strengste Einheit vereinigt. Man findet wohl schöne Arien auch bey andern Meistern: aber niemand wird in vielstimmigen Sachen Mozarten die Palme entreissen.

Doch wer mag sie alle entwickeln, die unzähligen Vorzüge, die unerschöpflichen Schönheiten seiner Kunst? Wer mag mit Worten das Neue, Originelle, Hinreißende, Erhabene, Volltönende seiner

Musik

ger gefällig seyn, wenn er wünschte, daß sie ihm die Sachen nicht verderben? Auch um des Impressariuswillen ward Respekt für das Vorurtheil des Parterres nothwendig. Die 2 Arien der Königin der Nacht in der Zauberflöte schrieb er blos für die Stimme seiner Schwägerin Hoffer.[1]) Darum müßte man immer die Sänger kennen, für die er schrieb, wenn man ein richtiges Urtheil über seine dramatischen Werke fällen wollte.

Musik beschreiben? Höret mit unbefangenen Herzen zu, und ihr werdet es stärker empfinden, als es sich sagen läßt.[1]) Daher verfehlt seine Musik nie ihre Wirkung,[2]) wenn sie nur pünktlich und mit Feuer vorgetragen wird. Freylich ist es nicht leicht seinem Geiste nachzufliegen; und da bey ihm jede Note mathematisch genau zu der Harmonie berechnet ist: so giebt es auch kein so arges Mißgetön, als wenn rohe Hände unwissender Bierfiedler sich an seine Heiligthümer wagen.

Die berühmtesten Tonkünstler erkannten die Größe seines Genies, und bewunderten seine Werke. Joseph Hayden, dieser Liebling der Grazien, der in seinem Alter noch das Gefühl eines Jünglinges zeiget,[3]) ist gewiß vor allen ein befugter und berufener Richter.

Sein Urtheil ist unpartheyisch, weil er als ein redlicher Mann bekannt ist, und Mozarts Ruhm dem seinigen nachtheilig scheinen konnte.[4]) Schon im Jahre 1785 da Mozarts Vater noch lebte, sagte J. Hayden bey einer Zusammenkunft in Wien zu ihm: „Ich sage Ihnen „vor Gott und als ein ehrlicher Mann, daß ich ihren Sohn für „den größten Komponisten anerkenne, von dem ich nur immer ge„hört habe; er hat Geschmack und besitzt die gründlichste Kennt„niß in der Kunst der Komposition."

Im Jahre 1787 im Dezember schrieb eben dieser große Mann an einen Freund in Prag, der mit ihm seit langer Zeit in Briefwechsel stand, und ein Singspiel von seiner Komposition für Prag verlangte, folgenden merkwürdigen Brief:

„Sie verlangen eine Opera buffa von mir; recht herzlich gern, „wenn Sie Lust haben von meiner Singkomposition etwas für sich al„lein zu besitzen. Aber um sie auf dem Theater zu Prag aufzuführen, „kann ich Ihnen dießfalls nicht dienen, weil alle meine Opern zu viel „auf unser Personale (zu Esterhaz in Ungarn) gebunden sind, und „außerdem nie die Wirkung hervorbringen würden, die ich nach der

„ Lokalität berechnet habe. Ganz was anders wär es, wenn ich das „ unschätzbare Glück hätte ein ganz neues Buch für das dasige „ Theater zu komponiren. Aber auch da hätte ich noch viel zu wagen, „ in dem der große Mozart schwerlich jemanden andern zur Seite „ haben kann.“

„ Denn könnt, ich jedem Musikfreunde besonders aber den Gro- „ ßen die unnachahmlichen Arbeiten Mozarts, so tief und mit einem sol- „ chen musikalischen Verstande, mit einer so großen Empfindung „ in die Seele prägen als ich sie begreife und empfinde: so wür- „ den die Nationen wetteifern ein solches Kleinod in ihren Ringmauern „ zu besitzen. Prag soll den theuern Mann festhalten — aber auch „ belohnen; denn ohne dieses ist die Geschichte großer Genien[1]) traurig, „ und giebt der Nachwelt wenig Aufmunterung zum fernern Bestreben; „ weßwegen leider! so viel hoffnungsvolle Geister darnieder liegen. Mich „ zürnet es, daß dieser einzige Mozart noch nicht bey einem kaiserli- „ chen oder königlichen Hofe engagirt ist. Verzeihen Sie, wenn ich „ aus dem Geleise komme: ich habe den Mann zu lieb.

Ich bin ꝛc.

Joseph Hayden.

S.[2]) An das Prager Orchester und die dasige Virtuosen mein ergebenstes Kompliment. *)

Wenn

---

*) Ich habe dieses schätzbare Denkmal einer edlen Seele der gütigen Mittheilung des Herrn Roth Proviantoberverwalter zu Prag (an den der Brief geschrieben war) zu danken. Ich statte[3]) diesem edlen Freunde Haydens und geschmackvollen Kenner der Tonkunst für dieselbe meinen Dank öffentlich ab. Der Brief ist eine der schön-

sten

Wenn ein Hayden so urtheilt, so begeistert spricht — ein Hayden, der allein unter allen Tonkünstlern über seinen Verlust zu trösten im Stande wäre, was will dann das Gekreische einiger kleinen Geister sagen, die an Mozarts Ruhme zu Rittern werden wollen?[1])

Der Chursächsische Kapellmeister H. Naumann bezeugte erst unlängst[2]) bey seinem Aufenthalte zu Prag auf eine schöne Art seine Hochachtung und Bewunderung für Mozarts Talente und Werke in einer rührenden Anrede an seinen Sohn, als ihm derselbe von seiner Freundinn D * *[3]) vorgestellt wurde. Wer die redliche anspruchslose Denkungsart dieses berühmten Meisters kennt,[4]) wird an der Wahrheit seiner Gesinnungen gewiß nicht zweifeln. *)

Wie sehr ihn Gluck geschätzt habe, ist schon erwähnt worden.[5])

Die zahlreiche Klasse gründlicher Tonkünstler in Prag verdient mit Recht unter den Richtern über Mozarts hohen Werth einen ansehnlichen Platz. Die meisten von ihnen sprechen mit einer Achtung von Mozarts Werken, die ein rühmlicher Beweis ihrer Kenntniße, und der Unbefangenheit ihres Herzens ist. — Einige, (lange noch nicht alle) sind in einer vorhergehenden Anmerkung genannt worden. Der brave

D * *

sten Blumen, die auf das Grab des frühentrissenen Künstlers gestreut wurden — und eine Zierde dieser Biographischen Skizze. Da er für den Geist und das Herz seines Verfassers nicht minder ruhmvoll ist, als für Mozart: so ließ ich ihn hier wörtlich nach dem Originale abdrucken, und[6]) hoffe damit den zahlreichen Freunden dieses ehrwürdigen Greises besonders hier in Prag ein willkommenes Geschenk zu machen.

*) Der Verfasser hatte das Vergnügen Augenzeuge der schönen Scene zu seyn.

D * *[1]) mit seiner Gattinn, die als Künstlerin und gebildete Frau im gleichen Maße auf Achtung und Beyfall Anspruch machen kann, war einer der schätzbarsten Freunde und Bewunderer Mozarts.[2]) Wie viele treffliche Künstler, auf die Böhmen stolz ist — wie viele gründliche und geschmackvolle Dilletanten,[3]) die in jedem andern Lande für Virtuosen gelten würden, müßte ich nennen, wenn ich alle Freunde und Verehrer seiner Werke und Talente in Böhmen herzählen wollte?

Doch um Mozart als Tonkünstler ganz kennen zu lernen, ist es nöthig ihn bey seinem Schreibpulte, wenn er die unsterblichen Werke dichtete, zu beobachten!

Mozart schrieb alles mit einer Leichtigkeit und Geschwindigkeit, die wohl beym ersten Anblick Flüchtigkeit oder Eile scheinen konnte; auch kam er nie während des Schreibens zum Klavier. Seine Imagination stellte ihm das ganze Werk, wenn es empfangen war, deutlich und lebhaft dar. Die große Kenntniß des Satzes erleichterte ihm den Ueberblick der gesamten Harmonie. Selten trift man in seinen Konzeptpartituren ausgebesserte oder überstrichene Stellen an. Daraus folgt nicht, daß er seine Arbeiten nur hingeworfen habe. In seinem Kopfe lag das Werk immer schon vollendet, ehe er sich zum Schreibpulte setzte. Wenn er den Text zu einer Singkomposition bekam, so gieng er lange Zeit damit herum, dachte sich ganz hinein, und erregte die Thätigkeit seiner Phantasie. Bey dem Klavier arbeitete er dann die Gedanken vollständig aus; und nun erst setzte er sich zum Schreiben hin. Daher war ihm das Schreiben eine leichte Arbeit, wobey er oft scherzte und tändelte. Es ist schon oben gesagt worden, daß er auch in seinen Mannsjahren halbe Nächte bey dem Klavier zubrachte, dieß waren eigentlich die Schöpferstunden seiner himmlischen Gesänge! Bey der schweigenden Ruhe der Nacht, wo kein Gegenstand die Sinne fesselt, entglühete seine Einbildungskraft zu der regesten Thätigkeit, und

entfaltete

entfaltete den ganzen Reichthum der Töne, welchen die Natur in seinen Geist gelegt hatte. Hier war Mozart ganz Empfindung und Wohllaut — hier floßen von seinen Fingern die wunderbarsten Harmonien! Wer Mozart in solchen Stunden hörte, der nur kannte die Tiefe, den ganzen Umfang seines musikalischen Genies: frey und unabhängig von jeder Rücksicht durfte da sein Geist mit kühnen Fluge sich in die höchsten Regionen der Kunst schwingen. In solchen Stunden der dichterischen Laune schuf sich Mozart unerschöpflichen Vorrath; daraus ordnete und bildete er dann mit leichter Hand seine unsterblichen Werke.

Uibrigens wird jeder einsehen, daß eine reiche Ader der Gedanken dazu erfodert war. Ohne diese würde alle seine Kunst unfruchtbar geblieben seyn. Es giebt zwar Komponisten, die durch hartnäckigen Fleiß einige Gedanken erzwingen: aber wie bald versiegt ihre Quelle? Dann hört man sie nur wiederholen: ihre spätern Werke sind gewöhnlich nur die Musterkarte der frühern.

Diese Leichtigkeit, mit der Mozart komponirte,[1]) hat er wie wir gesehen haben, schon als Knabe gezeigt; ein Beweis, daß sie ein Werk des Genies war. Aber wie oft überraschte er damit in seinen letzten Jahren selbst diejenigen, die mit seinen Talenten vertraut waren? Die[2]) Eingangssinfonie zum Don Juan ist ein merkwürdiges Beyspiel davon. Mozart schrieb diese Oper im Oktober 1787 zu Prag; sie war nun schon vollendet, einstudirt, und sollte übermorgen aufgeführt werden, nur die Ouvertursinfonie[3]) fehlte noch.

Die ängstliche Besorgniß seiner Freunde, die mit jeder Stunde zunahm, schien ihn zu unterhalten; je mehr sie verlegen waren, desto leichtsinniger stellte sich Mozart. Endlich am Abende vor dem Tage der ersten Vorstellung, nachdem er sich satt gescherzt hatte, gieng er gegen Mitternacht auf sein Zimmer, fing an zu schreiben, und vollen-

dete

dete in einigen Stunden das bewundernswürdige Meisterstück, welches die Kenner noch höher schätzen, als die Sinfonie der Zauberflöte.[1]) Die Kopisten wurden nur mit Mühe bis zur Vorstellung fertig, und das Opernorchester, dessen Geschicklichkeit Mozart schon kannte, führte sie prima vista vortrefflich auf. *)

Die Musik zur Zauberflöte war schon im Julius 1791 fertig. In der Mitte des Augustus gieng Mozart nach Prag, schrieb da innerhalb 18 Tagen La Clemenza di Tito, welche am 5ten September aufs Theater kam. In der Mitte dieses Monaths reisete er nach Wien zurück, und schrieb ein paar Tage vor der Vorstellung der Zauberflöte, die am 30. September geschah, die meisterhafte Sinfonie[2]) dazu, und den Priestermarsch zum Anfang des 2ten Aktes.

Solche Beyspiele könnten häufig angeführt werden. Sein ausserordentliches Gedächtniß zeigte sich auch schon in der Jugend; das aufgefaßte Miserere im Rom giebt einen vollen Beweis davon. Er behielt es ungeschwächt bis an sein Ende.

Da man seine Kompositionen unglaublich suchte: so war er nie sicher, daß ihm nicht ein neues Werk selbst während des Kopirens abgestohlen werde. Er schrieb daher bey seinen Klavier-Konzerten gewöhnlich nur eine Zeile für eine Hand auf, und spielte das übrige aus dem Gedächtniße. So soll er auch einst ein Klavierkonzert, welches er schon seit geraumer Zeit nicht in Händen gehabt hatte, aus dem

Gedächt-

---

*) Die Begebenheit ist in Prag allgemein bekannt.

Gedächtniße gespielt haben, indem er die Prinzipalstimme in der Eile zu Hause vergaß.[1])

Sein Gehör war so fein, faßte die Verschiedenheit der Töne so gewiß und richtig auf, daß er den geringsten Fehler oder Mißton selbst bey dem stärksten Orchester bemerkte, und dasjenige Subjekt oder Instrument, welches ihn begieng genau anzugeben wußte. Nichts brachte ihn so sehr auf, als Unruhe, Getöse oder Geschwätz bey der Musik. Da gerieth der so sanfte, muntere Mann in den größten Unwillen, und äusserte ihn sehr lebhaft. Es ist bekannt, daß er einst mitten im Spiele unwillig von dem Klavier aufstand, und die unaufmerksamen Zuhörer verließ. Dieses hat man ihm vielfältig übel genommen; aber gewiß mit Unrecht. Alles was er vortrug, empfand er selbst auf das stärkste — sein ganzes Wesen war dann Gefühl und Aufmerksamkeit: wie konnte ihn also kalte Fühllosigkeit, Unaufmerksamkeit, oder gar ein störendes Geschwätze in der Laune und Fassung erhalten? Als begeisterter Künstler vergaß er da auf alle andere Rücksichten.

Wie reizbar seine Empfindsamkeit gewesen sey, wie lebhaft sein Kunstsinn,[2]) kann man aus dem schließen, daß er bey der Aufführung einer guten Musik bis zu Thränen gerührt wurde: vorzüglich wenn er etwas von den beyden großen Hayden hörte. Aber nicht allein Musik, jeder andere rührende Gegenstand ergriff sein ganzes Gefühl und erschütterte ihn. Seine Einbildungskraft war immer thätig, immer mit Musik beschäftigt; daher schien er oft zerstreut und gedankenlos.

So groß war Mozart als Künstler! Den Forscher der menschlichen Natur wird es nicht befremden, wenn er sieht, daß dieser als Künstler so seltne Mensch, nicht auch in den übrigen Verhältnißen des Lebens ein großer Mann war. Die Tonkunst machte die Haupt- und Lieblingsbeschäftigung seines ganzen Lebens aus — um diese bewegte sich sein ganzes Gedanken- und Empfindungsspiel; alle Bildung seiner Kräfte, die das Genie des Künstlers ausmachen, gieng von da aus und bezog sich darauf. Ist es ein Wunder, wenn er den übrigen Dingen um sich weniger Aufmerksamkeit widmete? Er war Künstler, war es ganz und in einer bewundernswürdigen Größe: das ist genug! Wer mag indeß die Gränzlinien seiner Geistkräfte so genau ziehen, um behaupten zu können, Mozart habe außer seiner Kunst zu nichts sonst Anlage oder Fähigkeit gehabt? Man setzt freylich das Wesen des Künstler-Genies in eine überwiegende Stärke der untern oder ästhetischer Kräfte der Seele, aber man weiß auch, daß die Künste besonders die Musik häufig einen scharfen Ueberblick, Beurtheilung und Einsicht in die Lage der Dinge erfodern; welches bey Mozart um so gewisser vorauszusetzen ist, da er kein gemeiner mechanischer Virtuos eines Instrumentes war, sondern das ganze weite Gebieth der Tonkunst mit seltner Kraft und Geschicklichkeit umfaßte.

Wie schön und beneidenswerth ist übrigens der Wirkungskreis eines Tonkünstlers? Mit seinen süßen Harmonien entzückt er tausend gefühlvolle Seelen; er schaft ihnen die reinste Wonne; er erhebt, besänftiget, tröstet! Auch dann wenn er nicht mehr ist, lebt er dennoch in seinen widerhalenden Gesängen — Tausende segnen und bewundern ihn.

Mozart hatte schon in seiner Jugend zu allen Kenntnißen, die man ihm beyzubringen für nöthig fand, eine große Anlage gezeigt, in allen schnelle Fortschritte gemacht; von der Arithmetik ist Erwähnung geschehen. Auch in seinen spätern Jahren liebte er diese Kenntniß sehr und war wirklich ein ungemein geschickter Rechenmeister. Eben so groß war sein Talent zur Sprachwissenschaft; er verstand Französisch, Englisch, Italienisch und Teutsch. Die lateinische Sprache lernte er erst in spätern Jahren, und zwar nur so weit, als zur Verständniß des Kirchentextes, den er allenfalls in Musik zu setzen

tzen hätte, erfordert war. In allen übrigen Sprachen hat er die guten Schriftsteller gelesen und verstanden. Er machte oft selbst Verse; meistens aber nur bey scherzhaften Gelegenheiten. *) In den übrigen Fächern hatte Mozart wenigstens so viel historische Kenntniß, als es für einen Mann von Bildung nöthig war.

Zu bedauern ist es, daß er nicht über seine Kunst schrieb! Aus einem Briefe, welchen er an F. v. T.,[1]) eine seiner Schülerinnen über den Vortrag der für sie gesetzten Klavierphantasie geschrieben hatte, kann man sehen, daß er nicht nur die Prax, sondern auch die Theorie seiner Kunst vollkommen verstand.

In einem Heft einer musikalischen Zeitschrift von Berlin vor einigen Jahren wurde von Mozart behauptet, er habe eigentlich keine höhere Bildung gehabt. Es ist schwer zu errathen, was der Verfasser mit den Worten höhere Bildung gemeint habe. Was fodert man von einem Künstler? Soll er etwa auch Schriftsteller, Journalist und Politiker seyn?[2]) Mozart hatte die Welt gesehen, er kannte die Schriftsteller der gebildetesten Nationen, zeigte überall einen offenen, und freymüthigen Geist: was fehlte ihm also zur höhern Kultur?[3]) Daß er nie auf Schulen und Universitäten gewesen ist, wird doch niemand Vernünftiger als einen Beweis des Mangels an höherer Kultur annehmen?[4])

H 2 Der

*) Dieß war unter andern der Fall bey dem Tode eines geliebten Staares, den er in seinem gemietheten Garten ein ordentliches Grabmahl errichtet, und mit einer Inschrift versehen hatte. Thiere und insbesondere Vögel liebte er sehr.

Der moralische Charakter Mozarts war gut [1]) und liebenswürdig. Unbefangene Herzensgüte und eine seltene Empfindlichkeit für alle Eindrücke des Wohlwollens und der Freundschaft waren seine Grundzüge. Er überließ sich diesen liebenswürdigen Regungen ganz, und wurde daher mehrmal das Opfer seines gutmüthigen Zutrauens. Oft beherbergte und pflegte er seine ärgsten Feinde und Verderber bey sich.

Er hatte zwar oft mit einem schnellen Blicke auch versteckte Charakter [2]) aus dem Innersten ausgeholt: aber im Ganzen genommen, hatte er doch [3]) zu viel Gutmüthigkeit um Menschenkenntniß zu erlangen. Selbst die Art seiner Erziehung, die unstäte Lebensart auf Reisen, wo er nur für seine Kunst lebte, machte eine wahre Kenntniß des menschlichen Herzen unmöglich. Diesem Mangel muß man manche Unklugheit seines Lebens zu schreiben.

Uebrigens hatte Mozart für die Freuden der Geselligkeit und Freundschaft einen offenen Sinn. Unter guten Freunden war er vertraulich wie ein Kind, voll munterer Laune; diese ergoß sich dann meistentheils in den drolligsten Einfällen. Mit Vergnügen denken seine Freunde in Prag an die schönen Stunden, die sie in seiner Gesellschaft verlebten; sie können sein gutes argloses Herz nie genug rühmen; man vergaß in seiner Gesellschaft ganz, daß man Mozart den bewunderten Künstler vor sich habe.

Nie verrieth er einen gewissen Kunst-Pedantismus, der an manchen Jüngern Apollos so widerlich ist. Er sprach selten und wenig von seiner Kunst, und immer mit einer liebenswürdigen Bescheidenheit. Hochschätzung des wahren Verdienstes und Achtung für die Person leiteten seine Urtheile in Kunstsachen. Es war gewiß rührend, wenn er von den beyden Hayden, oder andern großen Meistern sprach: man glaubte nicht dem allgewaltigen Mozart, sondern einen ihrer begeisterten Schüler zu hören.

Ich

Ich kann hier eine Anekdote nicht übergehen, die eben so sehr seinen geraden Sinn, und den Unwillen gegen lieblose Tadelsucht, als die große Achtung[1]) für Joseph Hayden beweiset. Sie sey zugleich ein Beyspiel seiner guten Einfälle.

In einer Privatgesellschaft wurde einst ein neues Werk von Joseph Hayden gemacht. Nebst Mozart waren mehrere Tonkünstler gegenwärtig, unter andern einer,[2]) der noch nie jemanden gelobt hatte, als sich selbst. Er stellte sich zum Mozart und tadelte bald dieses bald jenes. Mit Geduld hörte ihn dieser eine Zeit an; als es ihm aber zu lang dauerte, und der Tadler endlich wieder bey einer Stelle mit Selbstgenügsamkeit ausrief: „Das hätt' ich nicht gethan" — erwiederte Mozart: Ich auch nicht; wissen sie aber warum? Weil wir beyde es nicht so getroffen hätten![3]) — Durch diesen Einfall machte er sich einen unversöhnlichen Feind mehr.

Mit einer solchen Bescheidenheit verband Mozart dennoch ein edles Bewußtseyn seiner Künstlerwürde. Wie wäre es auch möglich gewesen nicht zu wissen, wie groß er sey? Aber er jagte nie nach dem Beyfalle der Menge; selbst als Kind rührte ihn nur das Lob des Kenners. Daher war ihm alles gleichgiltig, was blos aus Neugierde ihn anzugaffen gekommen war. Oft gieng dieses Betragen vielleicht zu weit. Er war daher bisweilen auch in der Gegenwart großer Herren vom höchsten Range zum Spielen nicht zu bewegen; oder er spielte nichts als Tändeleyen, wenn er merkte, daß sie keine Kenner oder wahre Liebhaber sind. Aber Mozart war der gefälligste Mann von der Welt, wenn er sah, daß man Sinn für seine Kunst besitze; er spielte Stunden lang dem geringsten, oft unbekannten Menschen. Mit aufmunternder Achtsamkeit hörte er die Versuche junger Künstler an, und weckte durch eine liebevolle Beyfallsäusserung das schlummernde Selbstbewußtseyn. Beweise davon gab er häufig bey seinem Aufenthalte

in

zu Prag; und mancher meiner Leser wird durch seine Erfahrung diese Erzählung bestättigen.[1])

Verstellung und Schmeicheley war seinem arglosen Herzen gleich fremd; jeder Zwang, den er seinem Geiste anthun mußte, unausstehlich. Freymüthig und offen in seinen Aeußerungen und Antworten, beleidigte er nicht selten die Empfindlichkeit der Eigenliebe, und zog sich dadurch manchen Feind zu. So wie seine hohe Kunst und seine Werke auch zu dem verschlossensten Herzen Zugang fanden und Rührung hervorbrachten: eben so verschafften sie ihm Freunde, die ihn von ganzer Seele liebten und für sein Wohl eifrig besorgt waren.[2]) Es würde das Zartgefühl dieser edlen Menschen beleidigen, wenn sie hier namentlich angeführt würden; wie wäre es auch möglich alle zu kennen und zu nennen?

Indem mir also diese Betrachtung verbiethet von der großmüthigen Freundschaft eines B. v. S * *, und des Kaufmannes B * * in Wien zu reden: so sey es wenigstens erlaubt hier der ausgezeichneten Wohlthätigkeit eines Wiener Bürgers gegen Mozart zu erwähnen. Dieser brave Mann, ein Fleischhauer[3]) vom Gewerbe, ohne Mozart persönlich zu kennen, blos von Bewunderung für seine Kunst hingerissen, verschaffte seiner kranken Gemahlin, (die nach der Verordnung der Aerzte wegen einer Lähmung am Fuße Bäder vom gekochten Magengekröße brauchen mußte,) die Gelegenheit in seinem eigenen Hause durch geraume Zeit die Kur mit vieler Bequemlichkeit brauchen zu können. Er lieferte ihr nicht nur das nöthige Rindgekröße[4]) unentgeltlich und ersparte dadurch Mozarten eine Auslage von mehreren hundert Gulden, sondern verlangte auch für Logis und Kost gar nichts. Aehnliche Beyspiele eines solchen Enthusiasmus für die hohe Kunst Mozart's sind sehr häufig.

Aber

Aber Mozart hatte auch Feinde, zahlreiche, unversöhnliche Feinde, die ihn auch nach seinem Tode noch verfolgten.[1]) Wie hätten ihm auch diese mangeln können, da er ein so großer Künstler und ein so gerader Mann war? Und diese sind[2]) die unlautere Quelle, aus welcher so viel häßliche Erzählungen von seinem Leichtsinne, seinen Ausschweifungen gefloßen sind. Mozart war Mensch, folglich Fehlern unterworfen wie alle Menschen. Die nemlichen Eigenschaften und Kräfte, die das Wesen seiner großen Talente ausmachten, waren zugleich Reiz und Anlaß zu manchen Fehltritte: brachten Neigungen hervor, die freylich bey Alltagsmenschen nicht angetroffen werden. Seine Erziehung und Lebensart bis zu dem Zeitpunkte, da er sich in Wien niederließ, war auch nicht gemacht ihm Menschenkenntniß und Welterfahrung zu verschaffen. Denke man sich einen so zart organisirten Jüngling — einen Tonkünstler von seiner Empfindung in einer Stadt wie Wien sich selbst überlassen? Braucht es mehr, um zur Nachsicht gegen seine Fehler gestimmt zu werden? Man muß aber gegen diese Erzählungen überhaupt mißtrauisch seyn, da gewiß der größte Theil baare Unwahrheiten, und nichts als Schmähungen des scheelsüchtigen Neides sind. Wir haben dieß in Rücksicht seiner hinterlassenen Schulden schon bemerkt. Niemand wird es unbegreiflich finden, warum die Welt diesen Ausstreuungen so leicht Glauben beymißt, wenn er sich erinnert, daß man gewöhnlich mit einem Tonkünstler den Begriff eines Verschwenders oder Wüstlings verbindet. Aber zahlreiche Beyspiele achtungswürdiger Künstler haben bewiesen, wie sehr dieses Vorurtheil einzuschränken sey.

In seiner Ehe mit Konstanza Weber lebte Mozart vergnügt. Er fand an ihr ein gutes, liebevolles Weib, die sich an seine Gemüthsart vortrefflich anzuschmiegen wußte, und dadurch sein ganzes

Zu-

Zutrauen und eine Gewalt über ihn gewann, welche sie nur dazu anwendete, ihn oft von Uebereilungen abzuhalten. Er liebte sie wahrhaft, vertraute ihr alles, selbst seine kleinen Sünden — und sie vergalt es ihm mit Zärtlichkeit und treuer Sorgfalt. Wien war Zeuge dieser Behandlung, und die Wittwe denkt nie ohne Rührung an die Tage ihrer Ehe. *)

Seine liebste Unterhaltung war Musik; wenn ihm seine Gemahlinn eine recht angenehme Uiberraschung an einem Familienfeste machen wollte, so veranstaltete sie in Geheim die Aufführung einer neuen Kirchen-Komposition vom Michael oder Joseph Hayden.

Das Billardspiel liebte er leidenschaftlich, vermuthlich weil es mit Bewegung des Körpers verbunden ist; er hatte ein eignes zu Hause, bey dem er sich täglich mit seiner Frau unterhielt. Die Schönheit der Natur im Sommer war für sein tieffühlendes Herz ein entzückender Genuß; er verschaffte sich ihn, wenn er konnte, und miethete daher fast alle Jahre Gärtchen in der Vorstadt, wo er den Sommer zuzubringen pflegte.

Erstaunend ist die Arbeitsamkeit seiner letzten Lebensjahre.

Aus dem vollständigen Verzeichniße seiner Kompositionen seit dem Jahre 1784. bis zu seinem Tode, in welches er mit eigener Hand das Thema eines jeden Stückes und den Tag der Vollendung eintrug, sieht man wie viel er oft in einem Monathe gearbeitet hat? **)[1]) Nur die

---

*) Die achtungswürdige Frau beträgt sich in ihrem Wittwenstande sehr klug, und sorgt für ihre 2 Kinder[2]) mütterlich. Sie lebt in Wien von ihrer Pension und dem kleinen Erwerbe aus dem Nachlasse ihres Mannes.

**) Der Verfasser hatte es bey der Ausarbeitung dieser Biographie im Originale vor sich.

die Größe und Fruchtbarkeit seines Genies macht die Möglichkeit so vielfacher Arbeit begreiflich. So schrieb er innerhalb der 4 letzten Monathe seines Lebens, wo er schon kränkelte, und zwey[1]) Reisen machte:

1) Eine Klavierkantate: „Die ihr des unermeßlichen Weltalls Schöpfer ehrt."
2) Die Zauberflöte.
3) La Clemenza di Tito.
4) Ein Klarinett-Konzert für H. Stadler.
5) Eine Freymaurer-Kantate[2]) für ein ganzes Chor.
6) Das Requiem.

Eine ungeheuere Anstrengung, die seine Kräfte erschöpfen mußte!

So wurde Mozart ein Wunder seiner Kunst, der Liebling seines Zeitalters! Sein kurzes, aber glänzendes Künstlerleben macht in der Geschichte der Tonkunst eine neue Epoche.

Der große, feurige Geist, der in seinen Werken waltet und der volle Strom der Empfindung reißen jedes gefühlvolle Herz mit unwiderstehlicher Gewalt hin. Der süße Zauber seiner Harmonien entzückt das Ohr; die Fülle der Gedanken, das Neue in ihrer Ausführung machen das Gefallen seiner Musik dauerhaft. Wer einmal an Mozart Geschmack gefunden hat, der wird durch andere Musik schwer zu befriedigen seyn. Und alle diese Vollkommenheiten hat er in einem Alter erreicht, das für gewöhnliche Künstler kaum der Zeitpunkt der ersten Ausbildung ist! Da er starb, hatte sein Ruhm bereits eine Größe, wie sie nur selten auch der glücklichste Künstler hoffen darf — und wie kurz war sein Leben? Er hatte noch nicht das 35te Jahr vollendet, als er starb! Was würde sein unerschöpflicher Geist der Welt noch geliefert haben? — — Sein Genie war eine seltene Naturerscheinung; aber noch seltener ist der hohe Grad des Fleißes und Geschmackes, welchen er mit dem Genie vereinigte. Die Natur gab ihm viel; aber er wußte sich noch mehr zu erwerben![1])

Wär' er nach England gegangen — sein Ruhm würde neben Händels unsterblichem Namen glänzen: in Teutschland rang sein Geist oft mit Mangel; seinen Grabeshügel zeichnet nicht einmal eine schlechte Inschrift aus! —

Auf seinen Tod erschienen mehrere Trauer Kantaten; darunter zeichnen sich zwey aus, vom Hrn. Wessely und Karl Kannabich dem jüngern aus München.

Einfach und edel war das Fest, welches die Hörer der Rechte zu Prag in ihrer musikalischen Akademie, bey der Anwesenheit der Wittwe Mozarts[2]) im Jahre 1794 seinem Andenken weiheten; es wurde durch ein Gedicht verherrlichet, welches den Herrn Meinerth[3]) zum Verfasser hat. Ein Paar Stanzen daraus verdienen hier allerdings einen Plaz.

Ach! er ward uns früh entrückt,
Der die Saiten der Empfindung,
Wie ihr Schöpfer kannt' und griff:
In harmonische Verbindung
Ihre kühnsten Töne rief:
Jetzt ein Gott in seines Zornes
Donner rauschend niederfuhr,
Itzo lispelnd wie des Wiesenbornes
Welle floß in stiller Flur.

Ach! schon grünt des Edlen Hügel:
Aber ganz birgt er ihn nicht.
Eines, das durch Gräber Riegel,
Ewig jung und göttlich bricht,
Eines lebt — der hohe reine

Geistes=

Geistesabdruck ist dieß Eine,
Das zur Ewigkeit entblüht,
Norne! deinem Dolch entflieht.

Fühlt ihr in der Saiten Beben,
Im begeisternden Gesang,
In des Herzens Sturm und Drang
Fühlt ihr des Entschlaf'nen Leben?
Horch! es tönen Engelharmonien, —
Das ist Mozart! Seht ihr ihn
Lichtbekränzt? Mit Feentritte
Wallt sein Geist in eurer Mitte.

Einige Nachrichten von seinen Werken.

Es ist fast kein Zweig der Tonkunst, in welchem Mozart nicht mit entschiedenem Glücke seine Kräfte versucht hätte.

Dramatische Musik, und die Klavierkompositionen haben ihm am meisten Ruhm erworben. Wenn man seine Werke besonders die theatralischen nach der Zeitfolge ihrer Entstehung betrachtet, so merkt man deutlich den Gang seines zur Vollkommenheit schreitenden Geistes. In den frühern, z. B. in der Oper Idomeneo und der Entführung aus dem Serail, auch noch zum Theil im Figaro strömt das ganze Feuer einer jugendlichen Phantasie und eine Fülle üppiger Empfindung ohne Gränzen. Es ist mehr Wärme als Licht darinn — die Massen des Gesanges und der Harmonie sind nicht so bestimmt, wie in den spätern Werken, in welchen dieser Strom der Empfindung immer sanfter sich in sein Beet zurückzieht; alles leichter, einfacher und korrekter wird. Nirgends ist diese Reife Geschmackes sichtbarer, als in der Clemenza di Tito. Daraus läßt es sich schließen, was man noch von Mozart zu erwarten berichtiget war?[1])

In Wien wurden seine italienischen Opern nicht mit einem so großen Beyfall aufgenommen, als in Prag und in andern Städten Teutschlands. Der Grund davon lag nicht sowohl im Publikum — welches von seinen teutschen Opern bezaubert war — als vielmehr in dem Einfluße der Welschen, und der Verfassung des Hoftheaters. Das ist um so glaubwürdiger, weil die Clemenza di Tito bey ihrer mehrmaligen Aufführung in den Benefizkonzerten der Wittwe Mozart, so außerordentlich gefallen hat, und noch gefällt. Für Italien aber sind sie unersteigliche Gebürge — da dort bekanntermassen die Musik sehr stark von ihrer Vollkommenheit herabsinkt, und ein auffallender Mangel an geschickten Blasinstrumentisten herrscht. Selbst der große Haufen der Sänger ist zu unwissend in der Kunst der richtigen Intonation, um Mozarts Gesänge würdig ausführen zu können. Auch das Nationalvorurtheil verschließt ihnen den Eingang. Es sind Früchte vom teutschen Boden.

Sein Figaro wurde doch auf einigen Theatern gegeben, aber erbärmlich schlecht und mit Auslassung der Finalen. In Florenz hat man den 1ten Akt des Don Juan nach neun mißlungenen Proben, für unausführbar erklärt!! *)

In

*) Diese Nachrichten hörte der Verfasser aus dem Munde eines teutschen berühmten Opernkomponisten d. Hrn. W** der sich in Italien lange aufhielt, und den Zustand der Musik daselbst genau kennt, weil er für einige große Bühnen Opern schrieb.

In Paris werden jetzt seine Sinfonien und Singstücke in großen Konzerten aufgeführt. Einige Kunstrichter haben mit sinnreicher Feinheit zwar die Vortrefflichkeit seiner Instrumentation, d. i. den mehr mechanischen Theil der Kunst anerkannt, aber das, was blos Sache des Genies ist, die Singparthie getadelt, — sie haben behauptet, Mozart sey hierinn nicht so groß, als in der Instrumentalparthie. Die Gränzen dieser Erzählung[1]) erlauben es nicht, die Grundlosigkeit davon zu zeigen, oder die Werke Mozarts von dieser Ansicht zu betrachten. Die Tadler mögen indessen nur beherzigen, daß gerade diese Seite seiner Werke von gründlichen und berufenen Richtern immer am meisten bewundert worden ist. Was konnte denn in seinen Opern und den übrigen Singkompositionen so sehr gefallen, wenn es der Gesang nicht war? Das Volk versteht wenig von der Schönheit des Instrumentalsatzes; gerade dieser Theil seiner Werke, der große Geschicklichkeit der Subjekte erfodert, wird gewöhnlich schlecht aufgeführt — und doch brachten die meisten seiner Singkompositionen so viel Wirkung, so viel Enthusiasmus hervor? dieß konnte nur der einfache, schöne, rhythmische Gesang bewirken. Warum singt man seine Melodien so gern nach? Warum sind so viele davon Volksgesänge geworden? Wie wahr, wie lebhaft weiß Mozart den Sinn der Worte des Dichters auszudrücken? Dringt sein Gesang nicht überall dem Zuhörer ans Herz? Wenn dieß der höchste Zweck der Tonkunst ist, wer hat ihn vollkommener erreicht als Mozart?

Man könnte zahlreiche Beyspiele anführen, wo Mozart mit einem feinen ästhetischen Sinne selbst die Worte und Ideen des Dichters durch schöne Wendungen der Melodie erhoben und verbessert hat. Sein Gesang haucht den Worten meistentheils erst Wärme und Leben ein; fast immer liegt darinn noch mehr Sinn und Empfindung, als in den Worten. Daher haben selbst elende Poesien blos durch seine Komposition gefallen. Die Zauberflöte und Cosi fan tutte sey Beweis.

Welcher Komponist kann sich mit Mozart in vielstimmigen Kompositionen, Finalen und Chören messen?[1])

„Aber Mozarts Werke sind so schwer, so kritisch, voll Kunst und so wenig für das Gehör."

Auf gleiche Art klagen oft Schulknaben über die Dunkelheiten und Schwierigkeiten des Horaz. Man muß darüber lächeln! Wen trifft hier der Vorwurf? Schrieb Mozart bloß für Schüler? oder ist dasjenige, was er für sie schrieb, nicht leicht und verständlich? Das Schwere in seinen Werken ist nicht Absicht, ist nur Folge der Größe und Originalität seines Genies. Dieß hat Mozart mit allen großen Künstlern gemein. Populär durften alle seine Werke nicht seyn; wo Popularität nöthig war, da hat er sie vollkommen erreicht. Findet in seinen Singspielen nicht der Kenner und der blos Liebhaber Gerüchte für seinen Gaum? Auch die erhabensten Sachen von seiner Hand, wo er sich in der ganzen Stärke seiner Kunst des Konktrapunktes zeigt, haben so viel Schönheit an sich, daß sie auch uneingeweihten Ohren gefallen, wenn sie nur richtig, und geschmackvoll vorgetragen werden. Aber hier liegt der Knoten — das ist größtentheils der Grund solcher Klagen. Ueberdieß erheischt seine Musik ein reines Gefühl, ein unverdorbenes Ohr: wer dieses nicht mitbringt, für den hat Mozart nicht geschrieben.[2])

Der Tadel einer Klasse von Menschen, denen seine Musik nicht gefällt, entscheidet nichts gegen ihre Vortrefflichkeit; so wie Rafaels Ruhm nicht geschmählert wird, wenn dem ehrlichen Schneiderjungen ein buntes Allerley von einem Schmierer besser ins Auge fällt, als Rafaels Meisterstücke. Oder gab es nie Ohren, welchen die rauhe Pfeife des Waldgottes entzückender schien, als die himmlischen Töne Apollos? Wem Mozarts Musik nicht genug fürs Gehör zu seyn scheint, der dürfte wohl den Fehler eigentlich in seinen Ohren suchen.

Was

Was würden so delikate Ohren zu der Musik einiger jüngern Tonsetzer sagen?

Mit seinen Werken wird nun von den Uebersetzern und Musikhändlern ein wahrer Unfug getrieben, wobey das Publikum oft angeführt, und der Name des großen Meisters größtentheils geschändet wird. Man hängt ihn erstens als Anempfehlungsschild so manchem Machwerk vor, das seines Geistes ganz unwürdig ist; noch häufiger ist der Fall, daß unbefugte Uebersetzer aus seinen größern Werken Klaviersachen zusammenstoppeln, die dann als Originalwerke verkauft werden, und nothwendig schlechter seyn müssen, als seine übrigen Klavierkompositionen.

Eben so nachtheilig für seinen Ruhm ist es, daß man so häufig, aus Mangel an neuern Werken von seiner Meisterhand, ältere Kompositionen, zum Theil aus seiner frühen Jugend herausgiebt, ohne diesen Umstand dem Publikum zu sagen. Solche Werke sind größtheils seinen spätern ganz unähnlich, und können den Stempel der Vollkommenheit an sich nicht haben.

Wäre wohl eine korrekte und authentische Ausgabe seiner schönsten Werke aus den Originalpartituren, die die Wittwe besitzt, für das musikalische Publikum nicht wünschenswerth? [1])

Seine Werke können zur bessern Uebersicht in 11 verschiedene Klassen eingetheilt werden. Zur ersten rechnen wir die dramatischen. Mozart schrieb 9 italienische Opern, — und 3 teutsche.

La finta semplice, opera buffa für Kaiser Joseph —	1768
Mitridate, opera seria für Mayland; im Jahr —	1770
Sulla, — — — — —	1772
Giardiniera, opera buffa für Kaiser Joseph. im J. —	1774
Idomeneo, opera seria für München. im J. —	1780

Fi-

Figaro, opera buffa für Wien im J. — — 1786
Don Giovanni, opera buffa für Prag — — 1787
Cosi fan tutte, opera buffa für Wien — — 1790
La Clemenza di Tito, opera seria für Prag — 1791

Teutsche Singspiele:

Die Entführung aus dem Serail für Wien — 1782
Der Schauspieldirektor ein kleines Singspiel für den Kaiser Joseph nach Schönbrunn im Jahre — 1786
Die Zauberflöte für das Theater des Schikaneders 1791

Idomeneo ist eines seiner größten, und gedankenreichesten Werke; der Stil ist durchgehends pathetisch und athmet heroische Erhabenheit. Da er diese Opera für große Sänger und für eines der besten Orchester von Europa schrieb, so fühlte sein Geist keinen Zwang, und entfaltete sich darinn am üppigsten. Aber Idomeneo muß besser aufgeführt werden, als es zu Prag vor einigen Jahren in Sommer geschah, wo ihn der Opern-Unternehmer im eigentlichen Verstande prostituirte. Es war ein drolligter Gedanke eine der größten Opern ohne Sängerinnen und Orchester aufzuführen. Denn beydes fehlte, und ward durch Substituten ersetzt. Auch hütte man sich diese Opera, so wie jede von Mozart nach mittelmässigen Klavierübersetzungen zu beurtheilen!

Figaro wird von Musik-Kennern am meisten geschätzt; wahr ist es, daß Mozart bey ihrer Ausarbeitung am fleißigsten studirt habe. An Gedanken-Reichthum gleicht sie dem Idomeneo, an Originalität weicht sie keiner andern.

Don

Don Juan ist anerkannt das größte Meisterstück seines Genies — die höchste Kunst mit der größten Anmuth ist darinn in lieblicher Eintracht gepaart. *) [1])

Cosi fan tutte oder die Schule der Liebenden ist die lieblichste und scherzhafteste Musik voll Charakter und Ausdruck.[2])

La Clemenza di Tito wird in ästhetischer Hinsicht als schönes Kunstwerk, für die vollendeteste Arbeit Mozarts gehalten. Mit einem feinem Sinne faßte Mozart die Einfachheit, die stille Erhabenheit des Charakters des Titus, und der ganzen Handlung auf, und übertrug sie ganz in seine Komposition. Jeder Theil, selbst die gemäßigte Instrumentalparthie trägt dieses Gepräge an sich, und vereinigt sich zu der schönsten Einheit des Ganzen. Da sie für ein Krönungsfest, und für zwey ganz eigends dazu angenommene Sänger aus Italien geschrieben war, so mußte er nothwendig brillante Arien für diese zwey Rollen schreiben. Aber welche Arien sind das? Wie hoch stehen sie über dem gewöhnlichen Troß der Bravour-Gesänge?

Die übrigen Stücke verrathen überall den großen Geist aus dem sie gefloßen. Die letzte Scene oder das Finale des 1ten Aktes ist gewiß die vollkommenste[3]) Arbeit Mozarts; Ausdruck, Charakter, Empfindung, wetteifern darinn den größten Effekt hervorzubringen. Der Gesang, die Instrumentation, die Abwechslung der Töne, der Wiederhall der fernen Chöre — bewirkten bey jeder Aufführung eine Rührung und Täuschung, die bey Opern eine so seltene Erscheinung ist. Unter allen Chören, die ich gehört habe, ist keiner so fließend,

*) Noch heute als ich dieses schreibe, wurde sie wieder bey einem vollen Hause, von der Guardasonischen Gesellschaft nach 10 jähriger Vorstellung gegeben — diesen Winter schon das 10temal.

so erhaben und ausdrucksvoll, als der Schlußchor im 2ten Akte; unter allen Arien, keine so lieblich, so voll süßer Schwermuth, so reich an musikalischen Schönheiten, als das vollkommene Rondo in F, mit dem oblig: Baßethorne, Non piu di Fiori im 2ten Akte. Die wenigen instrumentirten Rezitative sind von Mozart, die übrigen alle — was sehr zu bedauern ist, — von einer Schülerhand.

Die Oper, die jetzt noch immer mit Entzücken gehört wird, gefiel das erstemal bey der Krönung nicht so sehr, als sie es verdiente. Ein Publikum, das vom Tanz, von Bällen und Vergnügungen trunken war, in dem Geräusche eines Krönungsfestes, konnte freylich an den einfachen Schönheiten Mozartscher Kunst wenig Geschmack finden!

Unter den teutschen Singspielen zeichnet sich die Entführung aus dem Serail an Empfindung und Schönheit des Gesanges aus. Man sieht es ihr an, daß sie bald nach Idomeneo gedichtet ward.

Das kleine Singspiel, der Schauspieldirektor ist blos ein Gelegenheitsstück für den Kaiserl. Hof in Schönbrunn. Was soll ich von der Zauberflöte sagen? Wer kennt sie in Teutschland nicht? Giebt es ein Theater, wo sie nicht aufgeführt ward? Sie ist unser Nationalstück. Der Beyfall den sie überall — überall erhielt, von dem Hoftheater an, bis zu der wandernden Bühne des kleinen Marktfleckens, ist bisher ohne Beyspiel. In Wien wurde sie nur im 1ten Jahre ihrer Erscheinung mehr als hundertmal aufgeführt.[1])

In Prag führte man sie erst zwey Jahre teutsch auf, dann italienisch, endlich sogar böhmisch, und sie wird noch immer in dem neustädter Theater an Sonntagen in dieser Sprache gegeben. *)

Eine

*) Das daurende Vergnügen an Mozartschen Werken in Prag ist um so bemerkenswerther, da hier seit einigen Jahren, durch die schlechten

Eine italienische Oper hat Mozart unvollendet gelassen. Die 2te Klasse seiner Werke begreift die Kompositionen fürs Klavier.[1]) Darunter glänzen am meisten die Klavierkonzerte, deren große, unübertreffbare Schönheiten seinen Ruhm ansehnlich vermehrt haben. Und doch soll er sie ungern geschrieben haben.

Die Sonaten aller Art mit und ohne Begleitung sind in jedermanns Händen. Unter denselben sind die Trio am originellsten geschrieben. Das berühmte Quintett fürs Klavier mit Begleitung einer Oboe, einer Klarinette, eines Waldhornes und Fagottes halten Kenner für sein Meisterstück in Rücksicht der Instrumentation; geschrieben im 1784 den 30ten Merz. Die vielen Variazionen zeichnen sich durch Reichthum, Manigfaltigkeit und Neuheit vor allen ähnlichen Werken aus. Die letzten, die er setzte, sind die über das Lied: Ein Weib ist das herrlichste Ding; den 15ten Merz 1791 komponirt. Diese Klasse seiner Werke ist die zahlreichste.

Die 3te Klasse begreift die Sinfonien; die schönsten davon, die er in den Jahren 1786 bis 1788 schrieb, sind folgende 4: in D, Eb, G mol und C mit der Fuge im letzten Stücke. Alle können den schönsten von Hayden an die Seite gesetzt werden; er entfaltete darinn seine Kunst der Komposition im höchsten Grade. Die Opernsinfonien sind bekannt und bewundert genug.

Zur 4ten Klasse gehören Gelegenheits-Kantaten mit vollstimmiger Begleitung. In dem Verzeichniße sind 3 aufgemerkt.

In die 5te Klasse können die einzelne Scenen und Arien gerechnet werden, die er für musikalische Akademien oder für besondere

K 2 Sänger

---

ten Produkte, die man uns aus Wien liefert, der Musikgeschmack sichtbar zu sinken anfängt!

Sänger schrieb. In dem Verzeichniße sind 22 solche enthalten, für allerley Stimmen.

6te Klasse: teutsche Lieder mit Klavierbegleitung allein; in dem Verzeichniße sind 20 Stücke aufgezeichnet, worunter die so bekannte Abendempfindung, das Veilchen und an Chloe, so voll Einfachheit, Ausdruck und Empfindung, kurz so schön sind, daß man sagen kann, Mozart hätte blos mit diesem sich unsterblichen Ruhm erworben. Daraus vorzüglich mögen seine Tadler sehen, ob er nicht groß in der Singkomposition war? Ob er den Worten Leben zu geben, auch ohne das Rauschen der Instrumente nicht verstand?

7te Klasse: Konzerte für verschiedene Instrumente schrieb er am seltensten.

In dem Verzeichniße sind nur folgende angemerkt: 1. Ein Andante zu einem Violinkonzert; 2) Ein Konzert für das Waldhorn. 3) Für die Harmonika; 4) für die Klarinette.

8te Klasse: Violinquarteten und Quintetten. Unter den Quartetten sind die 6, die er Joseph Hayden dedizirte die schönsten;[1]) Später im Jahre 1789 im Junius schrieb er 3 konzertante Quartetten für den verstorbenen König von Preußen; nebst diesen ist noch ein einzelnes Quartett aus D im Jahr 1786 geschrieben, und eine einzelne Fuge.

Originalquintetten sind in dem Verzeichniße nur 4 aufgezeichnet; aus C, G mol, D dur und Eb. Er schrieb[2]) auch einige Nachtmusiken á quadro mit Begleitung 2er Waldhörner, die man füglich, als Violinkonzerte betrachten kann — alle diese Sachen sind voll Gedanken und Schönheiten. Ein konzertantes Divertimento für 3 Stimmen, die Violin, Bratsche und das Violoncello ist vorzüglich schön und voll hoher Kunst.

Die

Die 2 Duetten für die Violin und Bratsche sind bekannt und beliebt genug.

9te Klasse: Parthien für blasende Instrumente zu Tafel- und Nachtmusiken. Hier in Prag sind mehrere bekannt. Ihre Schönheiten sind bezaubernd, und reißen auch das gefühlloseste Herz hin. Es existirt auch eine Nachtmusik aus 13 blasenden Instrumenten von seiner Arbeit.

10te Klasse: Tanzstücke. Mozart schrieb mehrere Parthien, Menuetten und teutsche Tänze für den Kaiserl. Redouten Saal zu Wien. Wie sehr diese Sachen von seiner Arbeit gesucht wurden, sieht man aus dem Verzeichniße, wo jeden Karneval eine Menge Menuetten, Teutsche, Walzer und Kontratänze angemerkt sind.

11te Klasse: Kirchenmusik, war das Lieblingsfach Mozarts. Aber er konnte sich demselben am wenigsten widmen. Die Messen, die von ihm übrig sind, wurden bey verschiedenen Gelegenheiten und Einladungen verfertigt. Alle die wir hier in Prag gehört haben, tragen den Stempel seines Genies. In dem Verzeichniße ist keine einzige Messe angezeigt — ein Beweis, daß alle, die wir haben, in frühere Zeiten seines Lebens zu setzen sind. Nur ein Graduale auf den Text: ave verum corpus hat er im Junius 1791 verfertiget. Man macht hier in Prag auf mehreren Kirchen-Chören einige Motetten von seiner Komposition voll Erhabenheit und Feyerlichkeit. [1])

Mozart würde in diesem Fache der Kunst seine ganze Stärke erst gezeigt haben, wenn er die Stelle bey St. Stephan wirklich angetreten hätte; er freute sich auch sehr darauf. Wie sehr sein Genie für den hohen Stil des ernsten Kirchengesanges gemacht war, beweiset seine letzte Arbeit, die Seelenmesse, die gewiß alles übertrifft, was in diesem Fache bisher ist geleistet worden. [2])

Nebst

Nebst diesen Gattungen seiner Werke hinterließ er 10 Canoni blos für Singstimmen; und zwar 8 vierstimmige, und 2 dreystimmige, sowohl komische, als ernsthafte. Sie sind nicht nur Meisterstücke in der Kunst, sondern auch sehr unterhaltend.

Zum Schluße setzen wir noch eine Anekdote her, die mehr als eine Lobrede sagt. Ein alter italienischer Impressarius einer Operngesellschaft in Teutschland, der es an seiner Kasse zu fühlen scheint,[1]) daß seit Mozart keine andern Opern, am wenigsten die von welschen Authoren gefallen wollen, pflegt[2]) immer, so oft er in seiner Opernregistratur auf eine Oper von Mozart kommt,[3]) mit einem Seufzer auszurufen: Der ist mein Unglück!

Die Quellen zu diesen Nachrichten, die der Verfasser benutzte, sind folgende:

1) Seine eigene Erfahrung und der Umgang mit Mozarts Familie und Freunden.

2) Die Zeugniße vieler glaubwürdigen Personen, die Mozarten in verschiedenen Lebens-Perioden gekannt haben.

3) Die Mittheilung aller Hülfsmittel, Schriften und Briefschaften, von seiner hinterlassenen Wittwe; der ich hier für ihre freundschaftliche Bereitwilligkeit, meinen Dank sage.

4) In Betreff der jüngern Jahre seines Lebens, diente mir als Hilfsmittel Schlichtegrolls Nekrolog.

Der Verfasser hat sich der größten Wahrheitsliebe befließen, und manches Interessante lieber ausgelassen, wenn ihm dessen Wahrheit etwas zweifelhaft schien.[4])

Anhang.

Verzeichnis der von der ersten Auflage abweichenden Stellen.

Seite 1.

Vorwort zur zweiten Auflage:

Die Nachwelt hat über den Rang bereits entschieden, der Mozarten als Künstler gebührt. Einzig, unübertroffen steht er, ein Raphael seiner Kunst, unter den glorreichen Genien Händel, Cimarosa, Gluck, Hayden, oben an; sein Ruhm erfüllt die ganze gebildete Welt.

Aber Mozart als Mensch ist nicht minder interessant: die frühe Entwicklung und die schnelle Reife seines wunderbaren Genies biethet dem Forscher der menschlichen Natur lehrreichen Stoff zum Nachdenken dar. In beider Hinsicht darf sich diese biographische Skizze versprechen der Aufmerksamkeit des Publikums nicht unwerth zu seyn.

Seite 2.

1) dieses außerordentlichen Genies.

2) und zu unserer Zeit das drittemal in Wien aufgelegt wurde.

3) zu dem Mozarts Genie sich so bald empor schwang,

Seite 3.

1) den Tönen

2) angemessenen

Seite 7.

1) Reizmittel, und zur Berichtigung des Geschmackes.

Seite 8.

1) des Nekrologes

2) zurück gekehrt war

Seite 9.

1) Künstlerohr

Seite 10.

1) ihn Abends vom usw.

Seite 11.

1) hingerissen haben.

Seite 12.

1) erfand und zugleich vortrug.

Seite 14.

1) Meister

2) Der ganze Relativsatz fehlt.

Seite 15.

1) Genius

2) jetzt lebenden russischen — fehlt.

Seite 16.

1) die Stadt.

2) wird

3) in dem erhabenen, feyerlichen Kirchengesange das . . .

4) Die Berufung auf die Quelle fehlt.

Seite 17.

1) da es Mozart in einer Akademie aufführte,

2) als man gewöhnlich anzutreffen pflegt.

3) der lebhaften Italiener?

Seite 18.

1) wurde mit ihm allsogleich schriftlichen Akkord auf . . . . . eingegangen.

Seite 19.

1) Dahin gehört das Oratorium der büssende David, welches unter die besten Werke dieser Art gehört, und auch jetzt noch von Kennern bewundert wird.

2) gelegt war; sie hatten also Aehnlichkeiten mit den Oratorien.

Seite 20.

1) damalige

Seite 21.

1) eines genialischen Tonkünstlers

2) Der Relativsatz fehlt.

3) so wie alle Nachahmer — fehlt.

4) Sein Spiel . . . fand zuerst . . . .

5) des Lieblinges des Publikums

6) das unwiderstehlich zum Herzen drang,

7) tiefen Kenntniß

Seite 23.

1) in

Seite 24.

1) Violin-Quartetten

2) Bewunderung heischt.

3) Die beyden Loschek, Maschek, Caj. Vogel, Wenzel, Weber, Rösler, Witassek, Tomaschek u. a. m. Kunz fehlt.

Seite 26.

1) der damaligen

2) waren

Seite 27.

1) und Es, die . . . . sind, obschon sie . . . waren.

Seite 28.

1) in dieser Kunst — fehlt.

Seite 29.

1) 21

2) der große Geist

3) himmlisch süßen

Seite 30.

1) Dieser Satz fehlt.

Seite 31.

1) einfache

2) Dieser Satz fehlt.

Seite 33.

1) Oper Titus

Seite 34.

1) Bey seinem Abschiede von dem Zirkel seiner Freunde ward er so wehmüthig, daß er Thränen

vergoß. Ein ahnendes Gefühl seines nahen Lebensende schien die schwermüthige Stimmung hervorgebracht zu haben — denn schon damals trug er den Keim der Krankheit, die ihn bald hinraffte, in sich.

Seite 35.

1) fehlt

2) Dieser Satz fehlt.

Seite 36.

1) Bestellungen

2) damals

Seite 37.

1) Die Parenthese fehlt.

2) 1798

Seite 39.

1) 17

2) fehlt.

3) Der ganze Schlußsatz fehlt.

Seite 40.

1) seiner Haushaltung

Seite 41.

1) schätzen

2) Möchten doch die, über ihn so streng urtheilen, auf ihr Herz greifen und sich fragen:

3) wie sein Vater, ist gegenwärtig 17 Jahre alt, und durch die ersten Produkte seines musikalischen Talentes dem Publikum schon vortheilhaft bekannt. Sein Klavierspiel zeichnet sich durch feinen Ausdruck und Präcision aus. Und so wäre denn zum Theil die scherzhafte Vorhersagung seines Vaters erfüllt, daß dieß Kind ein Mozart werden würde, weil es einst weinend in den Ton stimmte, aus dem der Vater eben auf dem Fortepiano spielte. Offenbar lebt der Geist seines Vaters in ihm: aber dem Sohne fehlt eine so bildende Vaterhand, wie diejenige war, die das Genie des Vaters so trefflich leitete und entwickelte.

Möge der hoffnungsvolle Sohn in dem Bestreben nach Vollkommenheit nicht ermüden, und so wie er der Erbe des väterlichen Talentes ist, auch seinen rastlosen Fleiß in dem Studium großer Meister geerbt haben! Nur dadurch geht der Weg zum wahren Ruhme! Der ältere Sohn Karl ist gegenwärtig in Mayland und macht ebenfalls große Fortschritte in der Tonkunst.

In Böhmen war Mozarts Kunstvollkommenheit noch bey seinem Leben allgemein anerkannt und nach Werth geschätzt: aber er lebte zu kurz, um die wahre Blüthezeit seines Ruhmes zu sehen. Selbst in Wien seinem Wohnorte waren es nur Kenner, die seinem Genie Gerechtigkeit widerfahren ließen. Der Zauberflöte, wovon Mozart die ersten Vorstellungen und folglich auch den außerordentlichen Beyfall noch erlebte, war es vorbehalten seine Größe dem Auslande zu verkünden. Durch dieß

Meisterwerk begeistert suchte man seine übrigen Werke auf, studirte sie und empfand ihre Schönheit, und so ward der Name Mozart bald in der ganzen gebildeten Welt gefeyert, seine Gesänge die Lust jeglichen Ohres!

Seite 42.

1) Dieß erfuhr seine Wittwe auf ihrer Reise durch Deutschland, die sie im J. 1796 unternommen hatte.

2) Dieser Satz fehlt.

3) Die Anmerkung fehlt.

Seite 43.

1) Der ganze Absatz fehlt.

Der Schluß des Kapitels lautet:

Selbst der Italiener seit Jahrhunderten im unbestrittenen Besitze des Meisterrechtes der Tonkunst überwand seinen Nationalstolz, und erkennt nun Mozarts Ueberlegenheit in der Musik an. Seine Opern werden in Rom, Mayland und andern Städten mit Beyfall gegeben; die Kloviersachen von jedermann gespielt; Meister studiren seine Partituren.

Noch früher hat Frankreich seiner Kunst gehuldiget. Der Beyfall den die Mysterien der Isis (Zauberflöte) in Paris erhielten ist ein Beweis davon. Don Juan machte kein so großes Glück; aber dieß war, wie alle Nachrichten einstimmig aussagten, die Folge der schlechten Darstellung des Stückes. Denn der hohe Werth der Musik selbst wurde vollkommen anerkannt. Seine Sinfonien, Klavierkonzerte, Quartetten werden allgemein bewundert, häufig gespielt, und im Stich und Druck ohne Aufhören neu aufgelegt.

England, welches deutsches Tonkünstlerverdienst von jeher schätzte, kennt und bewundert auch Mozarts allgewaltigen Geist. Die Seelenmesse ward in London öfter mit dem größten Beyfalle aufgeführt; der Absatz seiner Werke, die bey Breitkopf & Härtel herausgekommen, ist nach England eben so stark, als in Deutschland und Frankreich.

Wo giebt es überhaupt Kenner und Liebhaber der süßesten der Künste, wo nicht Mozarts Töne tönten und jedes Ohr entzückten? Selbst in den entferntesten Welttheilen, wohin kaum der Name der berühmtesten Europäer dringt, wiederhallen seine Harmonien. In den philippinischen Inseln, (schreibt unser Landsmann der bekannte Botaniker Hänke) werden seine Werke mit Entzücken gehört.

Seite 44.

1) sein Angesicht angenehm, aber, wenn man das große, feurige Auge ausnimmt, kündigte es . . .

2) Der Schluß des Absatzes fehlt. Statt dessen: Auch darinn zeich-

nete sich also Mozart vor den tummelnden Kraftgenies unserer Tage aus!

3) fehlt.

4) und selbst ein schönes Kind gewesen.

5) besonders in den letzten Jahren — fehlt.

Seite 45.

1) wie ihn nur wenigen Lieblingen die Natur verlieh!

2) Kein Tonkünstler vor ihm hatte ....

3) so vollendete Produkte geschaffen

4) Die unbegreifliche .... schuf, und — fehlt

5) Vergnügen

Seite 46.

1) Geschmack

2) nicht lieber noch, als das erstemal?

Seite 47.

1) Des Titus.

Ja eben itzt, nachdem die meisten Schöpfungen seiner Kunst 20 bis 30 Jahre alt sind, gefallen sie am meisten! Wie gern hört man nach dem Wirrwarr neuester Kompositeurs die stillerhabenen, klaren, so einfachen Gesänge unsers Lieblinges! Wie wohl thun sie unserm Gefühle — es ist als wenn man aus einem chaotischen Gewirre, aus dichter Finsterniß ins Licht und eine heitere Ordnung versetzt würde.

2) beobachtete

3) Die selbst in der Wahl der Tonart sich ankündigt.

4) ist Clemenza di Tito.

Seite 48.

1) höchsten

2) selber

3) erfinderisches

4) Wie ganz anders sehen hierinn die Kompositionen selbst großer Meister nach Mozarts Periode, als vor derselben aus? Wie unendlich viel haben sie gewonnen durch die Anwendung seiner Art, die Blasinstrumente zu setzen? Selbst des großen Haidns Werke bestättigen diese Behauptung. Man vergleiche die ältern Sinfonien von ihm, mit den neuern? Die Schöpfung schrieb Haidn erst nach Mozarts Epoche.

5) fehlt

6) der

Seite 49.

1) seine Instrumente

2) Man höre seine Andantes oder Romanzen, in den Klavierkonzerten und Quartetten.

3) einen Paukenwirbel

Seite 50.

1) Auch um — Hoffer fehlt.

Seite 51.

1) Dieser Satz fehlt.

2) Seine Musik verfehlt nie ihre Wirkung.

3) zeigte

4) und Mozarts aufblühender Ruhm dem seinigen im Wege stand.

Seite 52.

1) Genies

2) N. S.

3) Ich statte — Skizze fehlt.

Seite 53.

1) wollten.

2) erst unlängst — fehlt.

3) Duschek

4) kannte

5) Cherubini, dessen Geist dem Mozartischen am nächsten verwandt scheint, ist sein größter Bewunderer, und hat seine Werke zum Gegenstande seines beständigen Studium gemacht. Alle Neuern, wenn sie es auch nicht gestehen wollen, haben von Mozart gelernt, oder ahmen ihm nach!

Ein noch lebender, nicht unberühmter Tonsetzer in Wien sagte zu einem andern bey Mozarts Tode, mit vieler Wahrheit und Aufrichtigkeit: „Es ist zwar Schade um ein so großes Genie; aber wohl uns, daß er todt ist. Denn, würde er länger gelebt haben, wahrlich! die Welt hätte uns kein Stück Brod mehr für unsere Kompositionen gegeben.“

6) und hoffe — zu machen fehlt.

Seite 54.

1) Duschek

2) waren Freunde und Bewunderer Mozarts.

3) vom Adel und dem Bürgerstande

Seite 55.

1) schrieb

2) genievolle

3) Ouverture

Seite 56.

1) welches die Kenner nur der himmlischen Sinfonie der Zauberflöte nachsetzen.

2) Die beste aller Ouverturen und den Priestermarsch . . . .

Seite 57.

1) Aber wie ist Mozart ein so großer, ja ich möchte sagen, einziger Mann in seiner Kunst geworden? Hat er alles der Natur, oder seinem Studium, seiner Ausbildung zu danken? Einige teutschen Schriftsteller sprechen von einer instinktartigen Beschaffenheit seines Geistes, welche ihn unwillkührlich zur Hervorbringung seiner Meisterwerke getrieben habe. Aber diese Herren kennen sicher Mozarten gar nicht, und scheinen die Leichtigkeit, mit welcher er, wenn die Idee des Werkes einmal gebildet war, schrieb, für die instinktartige Wirkung seines Talentes zu halten. Freylich haben die Aeußerungen des Genies, in wiefern es angeboren ist, etwas instinktartiges: aber nur Bildung und Uebung — Studium giebt ihm die Reife und

Vollendung. Mozart hatte von der Natur ein Genie empfangen wie Shakespeare, aber er übertraf diesen an Geschmack und Korrektheit. Er produzirte mit Verstand und Wahl. Diese so seltene Vereinigung eines feinen Geschmackes und der wichtigsten Beurtheilung mit den größten Naturanlagen, die Mozarten unter den Meistern seiner Kunst den ersten Rang giebt, war größtentheils sein Werk — das Werk seines Eifers, seines Fleißes; das Werk des tiefen und gründlichen Studiums der Kunst.

Aus der Geschichte seiner Jugend haben wir gesehen, wie sorgfältig er jede Gelegenheit benützte, um zu lernen; wie weise und streng ihn sein Vater dazu leitete; wie tief er in die Geheimnisse der Kunst so früh schon eingedrungen war. Aber wir wollen ihn selbst darüber hören.

Einst — (es war nach den ersten Proben seines Don Juan) — gieng Mozart mit dem damaligen Orchesterdirektor und Kapellmeister Herr Kucharz *) spazieren. Unter andern vertraulichen Gesprächen kam die Rede auf Don Juan. Mozart sagte: „Was halten sie von der Musik zum Don Juan? Wird sie so gefallen, wie Figaro? Sie ist von einer andern Gattung!

Kuch. Wie können Sie daran zweifeln? Die Musik ist schön, originell, tief gedacht. Was von Mozart kommt wird den Böhmen gewiß gefallen.

Moz. Ihre Versicherung beruhigt mich, sie kommt von einem Kenner. Aber ich habe mir Mühe und Arbeit nicht verdrüßen lassen, für Prag etwas vorzügliches zu leisten. Ueberhaupt irrt man, wenn man denkt, daß mir meine Kunst so leicht geworden ist. Ich versichere Sie, lieber Freund! niemand hat so viel Mühe auf das Studium der Komposition verwendet als ich. Es giebt nicht leicht einen berühmten Meister in der Musik, den ich nicht fleißig, oft mehrmal durchstudirt hätte."

Und in der That, man sah die Werke großer Tonkünstler, auch da noch, als er bereits klassische Vollkommenheit erreicht hatte, auf seinem Pulte.

Sein gewandter Geist wußte sich den Charakter eines jeden so anzueignen, daß er sie oft zum Scherze im Satze und Stile bis zum Täuschen nachahmte.

*) Anmerkung. Ein trefflicher Schüler Seegerts, und biederer Mann. Diese Anekdote habe ich aus seinem Munde.

2) Wie reizbar lebhaft sein Kunstsinn gewesen sey

Seite 59.

1) Trattner

2) Was fodert — seyn fehlt.

3) Muß man in Göttingen oder Jena studirt haben, um höhere Bildung zu erlangen? Oder besteht die höhere Bildung darinn, daß man weiß, was teutsche Schriftsteller sagen? Daß man von allen zu schwatzen verstehet?

4) Dieser Satz fehlt.

Seite 60.

1) bieder

2) Charaktere

3) fehlt

Seite 61.

1) seine große Achtung.

2) unter andern L. K. . .,*)

3) Weil wir es beyde nicht so gut getroffen hätten!

Seite 62.

1) Dieser Satz fehlt.

Unser beste Klavierspieler und beliebter Tonsetzer Joh. Witassek dankt ihm diese Erweckung seines Talentes. Die wenigen Stunden die er bey Mozart zubrachte, schätzt er nach eigenem Geständnisse für einen großen Zuwachs seiner Ausbildung.

Menschenfreundlich und uneigennützig war Mozart im hohen Grade. Darum sammelte er kein Vermögen. Ganz im Reiche der Töne lebend, schätzte er den Werth des Geldes und der übrigen Dinge zu wenig. Daher arbeitete er viel umsonst, aus Gefälligkeit oder Wohlthätigkeit. Jeder reisende Virtuos war gewiß, wenn er sich ihm durch Talent oder moralischen Charakter zu empfehlen wußte, eine Komposition für sich zu erhalten. So entstanden die Konzerte für die übrigen Instrumente, so eine Menge einzelner Singkompositionen, unter andern die majestätischen Chöre zu dem Schauspiele, König Tamos, die den erhabensten Werken Händels und Glucks an die Seite gesetzt werden.

Aber selbst die Bezahlung, die er für seine Arbeiten bekam, war meistens mittelmäßig. Der Theaterunternehmer Guardasoni zahlte ihm für Don Juan nur hundert Dukaten.

2) Seine hohe Kunst und der liebenswürdige Charakter verschafften ihm Freunde, die ihn von ganzer Seele liebten und für sein Wohl eifrig besorgt waren.

3) Fleckfieder.

4) die Flecke

---

*) Leopold Kozeluch. Anm. d. Herausg.

Seite 63.

1) Der Relativsatz fehlt.

2) waren

Seite 64.

1) hatte

2) Söhne

Seite 65.

1) fehlt

2) Kantate

Seite 66.

1) Dieser Satz fehlt.

2) fehlt

3) Profess.

Seite 68.

1) Das folgende bis S. 69 Z. 2 fehlt.

Seite 69.

1) Schilderung

Seite 70.

1) Die Gestalt, in welcher die alte Opera seria von Metastasio La Clemenza di Tito bey seiner Musik erscheint, ist das Werk seines richtigen Urtheiles und Geschmackes. Und ein solcher Kompositeur, der den Geist des Textes, das eigene der Situation so faßte und verstand — ihn oft verbesserte noch öfter erhob, soll keine höhere Bildung besessen haben?

2) Anmerkung. Diese Bemerkungen der ersten Ausgabe, sind jetzt beynahe unnöthig, da Mozart gegen seine Nachahmer, die Faßlichkeit und Popularität selbst ist.

Seite 71.

1) Dieser Absatz fehlt.

Seite 73.

1) Die Rolle des Leporello ist das erste Meisterstück des Komischen — das Muster für alle Opernkomponisten. — Die Fußnote der ersten Ausgabe fehlt.

2) Die Finalien sind unübertrefflich. Wenn man den schlechten Text dieser Oper betrachtet, so muß man über die Fruchtbarkeit seines dichterischen Genies erstaunen, das fähig war ein so trockenes einfältiges Sujet zu beleben und solche Schönheiten hervor zu bringen. Es ist schon bemerkt worden, daß er in der Wahl des Buches nicht frey war.

3) gelungenste

Seite 74.

1) Von: In Prag bis (S. 75 Z. 1 oben) gelassen — sowie die Anmerkung fehlen.

Seite 75.

1) Darunter glänzen am meisten die Klavierkonzerte, worinn Mozart ohne Nebenbuhler den ersten Rang behauptet. Hier, so wie in vielen andern Fächern war er Erfinder einer neuen Gattung. Diese Werke enthalten einen unerschöpflichen Reichthum an den

trefflichsten Gedanken, die glänzendste Instrumentation, und erschöpfen fast alle Tiefen des Kontrapunktes.

Seite 76.

1) klassisch.

2) bey seinem Aufenthalte in München 1782

Seite 77.

1) Dieser Satz fehlt.

2) und nicht so bald übertroffen werden wird.

Seite 78.

1) schien

2) pflegte

3) kam

4) Das Verzeichnis der Quellen fehlt.

Constanze Mozart. Lithographie nach einem Ölbild von Joseph Lange, 1782.

NACHWORT

Franz Xaver Niemetschek (so die offizielle Namenschreibung, daneben auch: Niemtschek, Němetschek) wurde am 24.7.1766 in der Kleinstadt Sadská östlich von Prag geboren und starb am 19.3.1849 in Wien. Sein Vater sowie auch sein Bruder waren Organisten in Sadská. 1776 - 1782 besuchte er das Gymnasium auf der Kleinseite in Prag, anschließend studierte er an der Prager Karls-Universität Philosophie. Von 1787 - 1792 unterrichtete er Literatur am Gymnasium in Pilsen, hernach im Gymnasium auf der Kleinseite in Prag. Daneben war er Prager Korrespondent der „Allgemeinen musikalischen Zeitung" in Leipzig, in der 1800 seine Schrift „Über den Zustand der Musik in Böhmen um 1800" erschien, förderte maßgeblich die bei Breitkopf & Härtel ab 1798 erscheinende Ausgabe der „Oeuvres complettes" von Mozart und verfaßte seine Mozart-Biographie (1797/98). 1800 promovierte er und wurde 1802 Professor für Philosophie an der Prager Universität; er unterrichtete auch Logik, Ethik und Pädagogik; eine Zeitlang war er als Buchzensor tätig und Direktor an der Taubstummenanstalt in Prag. 1820 wurde er nach Wien versetzt, zog sich aber schon sehr bald darauf aus gesundheitlichen Gründen ins Privatleben zurück. Er wurde auf dem St. Marxer Friedhof in Wien begraben. Sein Nachlaß, der eine reiche Korrespondenz mit der Familie Mozart enthielt und früher im Besitz von A. Richter in Pörtschach/Kärnten war, ist verlorengegangen. Quelle zu seinem Leben bzw. zu seinen Beziehungen zu Mozart bietet u.a. sein Briefwechsel mit dem Verlag Breitkopf & Härtel; er ist heute gleichfalls nicht mehr erhalten, uns jedoch in Auszügen überliefert in der Publikation: Wilhelm Hitzig: Die Briefe F. X. Niemetscheks und der Marianne Mozart an Breitkopf & Härtel, in: Der Bär, Jg. 1928, Leipzig 1928. S. 101 ff. Weitere Quellen sind: Paul Nettl: Mozart in Böhmen, Prag 1938, und Walter Hummel: W. A. Mozarts Söhne, Kassel 1956. Diese und noch andere verstreute Quellen sind auch angeführt in Peter Krauses Nachwort zu dessen 1978 in Leipzig als Reprint erschienenen 2. Auflage (1808) von Niemetscheks Mozart-Biographie.

Die „Entführung aus dem Serail", die in Prag seit Herbst 1782 gegeben wurde, dürfte für Niemetschek, den damals Sechzehnjährigen, der Einstieg gewesen sein in Mozarts Musik, in deren Bann er seither zeitlebens stand. Wahrscheinlich hat er auch Aufführungen von „Die Hochzeit des Figaro", die ebendort seit Dezember 1786 stattfanden, sowie die Uraufführung des „Don Giovanni" 1787 gesehen. Daß er Mozart bei dessen musikalischer Akademie am 19.1.1787 gesehen und dessen „göttliches Spiel" hörte, schreibt er in seiner Biographie (S. 27).

Vermutlich hat bei diesen Ereignissen längst eine persönliche Begegnung zwischen Mozart und Niemetschek stattgefunden; belegt ist der freundschaftliche Umgang jedoch erst durch Niemetscheks brieflicher Äußerung 1799 an Breitkopf & Härtel, in der er auf die Besprechung seiner Biographie durch Friedrich Rochlitz Bezug nimmt: „Mit Rochlitz Bemerkung über meine Biographie bin ich zufrieden, nur muß ich sagen, daß ich allerdings mit Mozart umgegangen bin; nur nicht lange, nämlich bei seinem letzten Aufenthalt in Prag. Dafür kannte ich aber alle seine Freunde hier; sein älterer Sohn war bei mir drei volle Jahre; meine Frau ging täglich mit ihm (dem Vater) um. Bei der Madame Duschek bin ich genau bekannt und hörte vieles von ihr. Denn in ihrem Hause kehrte Mozart fast immer ein, oder er war täglich da. Das meiste aber hörte ich von seinem vertrautesten Freunde, der mein Lehrer und Freund war, nämlich Franz Etor (?) Gymnas. Repräsentant und Kanonikus..."

Madame Duschek ist die zu ihrer Zeit besonders als Mozart-Sängerin berühmte Gattin des Komponisten Franz Duschek (vgl. Anm. zu S. 53/54). Bei „Franz Etor (?)" soll es sich – so ermittelte P. Krause im Nachwort seiner obenerwähnten Reprintausgabe von 1808 – um einen Lesefehler Hitzings, d. h. in Wahrheit um den Jesuiten und späteren Professor am Kleinseitner Gymnasium in Prag Franz Xaver Noe (1744 - 1796), Niemetscheks Vorgesetzten, handeln; über ihn schreibt Schlichtegroll im „Nekrolog auf das Jahr 1797":

„Bey der Anwesenheit des unsterblichen Mozarts in Prag machte er auch mit diesem Bekanntschaft, die bald zur herzlichsten Freundschaft ward. Von Mozarts Musik war er der feurigste Bewunderer und konnte von der Oper la Clemenza di Tito bis zu Thränen gerührt werden, woraus man auf seinen lebhaften Sinn für das Schöne schließen kann. Nach Mozarts Tode blieb er Freund und Rathgeber der Wittwe und des älteren Sohnes, welchen letztern der

Prof. Niemetschek – Mozarts trefflicher Biograph – aus ähnlichem Enthusiasmus für seines Vaters bezauberndes Talent, zugleich aber auch aus Gefälligkeit für Noe, mehrere Jahre hindurch auf eine großmüthige Art bey sich erzog."

W. Hitzig, dem für seine Auszüge ja noch der vollständige Bestand der Briefe Niemetscheks an Breitkopf & Härtel vorlag, macht die wichtige Feststellung: „Daß Niemetschek, ganz im Gegensatz zu Rochlitz' Behauptung, sehr viel persönlichen Umgang mit Mozart und seiner Familie gehabt hat, und daß seine Biographie Mozarts davon sehr stark beeinflußt worden ist, beweisen unsere Briefe mit völliger Sicherheit."

Niemetschek nennt in seiner Biographie auf Seite 78 selbst die Quellen, die er seiner Darstellung zugrunde legte. Wahrscheinlich standen ihm neben Schlichtegrolls „Nekrolog" auch die „Data zur Biographie des Verstorbenen Tonn-Künstlers Wolfgang Mozart", 1792, von Mozarts Schwester zur Verfügung. Eine der bedeutsamsten Quellen aber ist für ihn Constanze – ihr verdankt er neben mündlichen Auskünften auch schriftliche Unterlagen, die er jedoch nicht kritiklos verwertet: „Mad. Mozart hat mir eine Menge von Notizen und Briefschaften zu der Verfassung der Biographie gegeben – ich konnte nicht alles brauchen, theils wegen der noch lebenden Personen, theils weil ich nicht alles glaube, was Mad. Mozart sagt oder zeigt..." (21.3.1800, Brief an Breitkopf & Härtel) Und am 18.6.1800: „...ich habe der Mozart alle Materialien die ich brauchen und nicht brauchen konnte... zurückgestellt..." Daß diese Unterlagen, gemessen an dem damaligen Bestand, vollständig gewesen sein müssen, ergibt sich aus der brieflichen Mitteilung Constanzes an den Verlag Breitkopf & Härtel, als dieser den (später wieder aufgegebenen) Plan gefaßt hat, eine neue, umfangreichere Mozart-Biographie herauszugeben, und dabei um die Hilfe Constanzes bat. Diese schreibt am 29.4.1802 zu dem Vorhaben, daß man Niemetscheks Biographie als Grundlage nehmen möge und auf den freien Seiten (eines durchschossenen Exemplars) Nachträge machen solle:

„Ich habe allerdings Ihnen Hofnung gemacht, ein durchgeschossenes Exemplar der Niemtschekschen Biographie dazu anzuwenden Ihnen Nachträge zu sammeln. Noch mehr, ich habe es Freunden zu diesem Behuf theils angetragen theils geliehen. Aber ich habe nichts bekommen. Die Indolenz ist an der Tagesordnung. Der einzige Baron v. Swieten (vgl. Anm. zu S. 30) hat es wieder aufmerksam durchgelesen und mir darauf erklärt, er fände es gut und wüßte

nichts hinzuzusezen...
Daß ich selbst nichts hinzuzusezen weiß, kann Sie nicht wundern. Ich habe ja Niemtschek alle Materialien und Nachrichten schon geliefert, die ich liefern konnte."

Von der Verbundenheit Niemetscheks mit der Familie Mozarts auch nach dessen Tod zeugt wiederum u. a. ein Brief an Breitkopf & Härtel (21.3.1800), der aber auch die Schwierigkeiten und Probleme andeutet, die sich dabei ergaben: „... von den zwei Söhnen Mozarts kann ich ihnen alles sagen, da der größere Karl mehr als 3 Jahre in meinem Zimmer schlief und unter meiner Aufsicht stand... der kleinere Wolfgang war als 6jähriges Kind 1/2 Jahr bei meiner Frau, solange noch Mad. Mozart ihre Reise in Nordteutschland machte. Dieser hat Mozarts Geist. Ich versichere Sie, daß mir meine Liebe zu dem verewigten Manne, dessen großen Geist ich heute, nachdem ich 3mal Haydns Schöpfung gehört, noch inniger und tiefer fühle und verehre, sehr viel gekostet hat! Soviel Sorgen, Kummer u. Verdruß und Mühe habe ich nie gehabt, als die Zeit... aber alles dies reut mich nicht; und in diesem Punkte muß ich der Mozart das Gute nachsagen, daß sie meine Freundschaft immer dankbar erkannt hat. Ich that alles ohne die geringste Entgeltung, wenngleich Baron von Switten (Gottfried van Swieten vgl. Anm. zu S. 30) schöne Versprechungen und liebliche Briefe nicht spart..."

Die Angaben Niemetscheks über den Aufenthalt von Mozarts älterem Sohn Carl Thomas weichen ab von dessen eigener brieflicher Aussage vom 4.3.1856 an Adolf Popelka, nach der er von 1792 bis Ende 1797 Niemetscheks Kostzögling gewesen wäre. Den kleineren Sohn (Franz Xaver) Wolfgang brachte Constanze während der obenerwähnten Reise 1795 bei Niemetschek unter.

Als Constanze Jahre später mit ihrem zweiten Mann Georg Nikolaus Nissen auf der Reise von Wien nach Kopenhagen Prag berührte, schrieb sie (13.11.1810) über ihren Besuch bei Niemetschek an ihren Sohn Carl Thomas in Mailand: „In Prag war ich nicht Madame Duschek wegen (nein, denn ich sah und wollte sie gar nicht sehen) aber wegen unserm lieben Freund Niemetschek drei Tage. Ich freute mich schon in Wien auf ihn und schrieb ihm dahero meine Abreiße und meine vermuthliche Ankunft in Prag und sagte ihm, daß ich mich nur wegen ihm einen Tag da aufhalten werde, um ihn mit meinem Manne bekannt zu machen. Allein aus diesem einen Tag wurden drei, und da noch konn-

ten wir nur mit Mühe weg."
Ein noch späteres Zeugnis dieser die Generationen überspannenden Freundschaft Niemetscheks zu Mozart und seiner Familie ist ein Brief von Niemetscheks Schwiegersohn, der von Wien aus mit Mozarts jüngerem Sohn Wolfgang eine Reise nach Salzburg unternommen hatte, um dort an der Enthüllung des Mozart-Denkmals im September 1842 teilzunehmen. Es heißt darin (Salzburg, 6.9.1842): „Samstag hoffen wir mit dem Dampfboote in Nußdorf einzutreffen. Von unserem guten Freund Wolfgang Mozart soll ich viele herzliche Empfehlungen an Dich und Herrn Schwiegervater ausrichten, ebenso von seinem Bruder Karl." (Bergland 8, 1926, Nr. 5, S. 11 - 13)
Niemetscheks Mozart-Biographie erschien – mit Angabe des Verfassers – erstmals 1798, als „zweite vermehrte Auflage" 1808, beidemale in Prag „in der Herrlischen Buchhandlung". In einigen Mozart-Bibliographien wird auch noch die anonyme Schrift aufgeführt: „Mozarts Biographie in musikalischer Hinsicht von N**", 1797 bei K. Widtmann in Prag erschienen. Ob und wie weit diese Ausgabe mit der von 1798 identisch ist, konnte nicht nachgeprüft werden, da kein Exemplar – auch nicht bei der Internationalen Stiftung Mozarteum Salzburg – auffindbar war. Constanze war dieses Buch unbekannt, als sie am 16.2.1826 darüber an Benedikt Schack in München schrieb: „... bei dem Verleger sind alle Exemplare vergriffen: man müßte also glauben, es sei von einigem Werth; und doch weiß ich niemanden, der es gelesen hat, auch kann ich den Namen des Verfassers nicht erfahren." Es bleibt dahingestellt, wie zuverlässig die diesbezügliche Auskunft ist, die Friedrich Dionys Weber in dem Brief vom 8.4.1826 an Constanze gibt: „Es wird bemerkt, daß diese Biographie (gemeint ist die Ausgabe von 1808) ganz dieselbe ist, welche 1797 bei Wiedmann mit N** erschien, und ein Jahr später 1798 bei Herrl neuerdings... mit dem vollständigen Namen des Verfassers."
Textidentisch (wohl Restauflage), nur mit neuem Titelblatt und Wegfall der Widmung an Haydn, kam die Biographie von 1798 noch einmal 1803 im „Magazin für Literatur" in Leipzig heraus. Im 20. Jahrhundert erschien Niemetscheks Mozart-Biographie mehrmals in Übersetzung: tschechisch von Miloš Jirko, Prag 1937, englisch von Helen Mautner (mit Vorwort von A. Hyatt King), London 1956, französisch von Georges Favier, Saint-Étienne 1976.
Neuere deutsche Ausgaben gibt es drei: von Ernst Rychnovsky (der unser Text

folgt), Prag 1905, in genauer typographischer Nachbildung sowie mit den Lesarten der Ausgabe von 1808; von Bruno Loets (nach der Ausgabe von 1798), Leipzig 1941 als Staakmann-Almanach auf das Jahr 1942; von Peter Krause (Reprint der Ausgabe von 1808), mit Anmerkungen und Nachwort, Leipzig 1978.

Die „zweite vermehrte Auflage" von 1808 enthält gegenüber dem Erstdruck von 1798 eine Reihe von stilistischen Glättungen sowie einige sachliche Bereicherungen (Wirkungsgeschichte, die Äußerung von Kucharž etc.), wie aus dem beigefügten Verzeichnis der Auslassungen, Zusätze und Änderungen ersehbar ist. Die Kapitelüberschriften, wie sie als I - III in der Inhaltsangabe aufgeführt sind, stehen nur in der Ausgabe von 1808; die Widmung an Haydn entfällt in dieser. Der in der Ausgabe von Ernst Rychnovsky in Orthographie und Typographie äußerst genau nachgebildete Erstdruck wurde in Faksimile übernommen, lediglich an Stellen, wo eindeutige Versehen vorlagen, berichtigt, wobei, soweit möglich, die Ausgabe von 1808 hinzugezogen wurde (z. B. S. 70, Z. 13 *einen* zu *seinen*; S. 75, Z. 17: *in* zu *in D*,; S. 85, 1. Spalte, Z. 5 f. *Geschmack* zu *Verstand*).

J. P.

KOMMENTAR

Die innerhalb von Niemetscheks Text gesetzten Zahlen mit Klammern: 1), 2) usw. verweisen auf Stellen, in denen der Wortlaut der vorliegenden Ausgabe (1798) von der „zweiten vermehrten Auflage“ (1808) abweicht; diese Textvarianten finden sich auf den Seiten 79 - 88. Titel des Drucks von 1808: „Lebensbeschreibung des K. K. Kapellmeisters Wolfgang Amadeus Mozart, aus Originalquellen, von Franz Xaver Němetschek, Professor an der Universität zu Prag.“
(Die den folgenden Anmerkungen vorangestellten Seitenzahlen beziehen sich auf Niemetscheks Text.)

2 *Leopold Mozart... Sohn eines Buchbinders zu Augsburg:* Über die Herkunft der Mozarts, deren Ahnenreihe bis ins 15. Jahrhundert zurückverfolgbar ist, sowie über die Verbreitung des Namens gibt ausführlich Auskunft die Publikation: „W. A. Mozart. Vorfahren und Verwandte“. Von Heinz Schuler. Neustadt/Aisch 1980. – Vater *Leopold Mozart* (14.11.1719 - 28.5.1787) heiratete am 21.11.1747 Maria Anna geb. *Pertl* (25.12.1720 - 3.7.1778) aus St. Gilgen am Wolfgangsee, Tochter des dortigen Pflegekommissarius. – Leopold M. wurde 1763 (nicht 1762) Vicehofkapellmeister in Salzburg, er stand seit 1743 in Diensten des Erzbischofs. – *Violinenschule, die er 1766 herausgab:* Leopold Mozarts „Versuch einer gründlichen Violinschule“ erschien erstmals 1756 (nicht 1766), in zweiter Auflage 1769, in dritter 1787, mit Übersetzungen ins Niederländische, Französische und Russische. – *Wolfgang Amadeus* Mozart (Taufnamen: Johannes Chrysostomus Wolfgang Gottlieb) wurde als letztes von sieben Kindern (von denen fünf früh starben) am 27.1.1756 um acht Uhr abends in Salzburg im Haus des Lorenz Hagenauer, Getreidegasse 9, geboren. Seine Schwester Anna Maria Walburga (Nannerl) geb. am 31.7.1751.

4 *Schlichtegroll:* Friedrich von Schlichtegroll (1765 - 1822), Autor des Mozart-Nekrologs in: „Nekrolog auf das Jahr 1791“; Gotha 1792, Bd. II, S. 82 ff.; Nachdruck: „Mozarts Leben“, Graz 1794 u. ö. Faksimile-Druck d. Grazer Ausgabe von 1794 hg. von Joseph Heinz Eibl, Kassel 1974. – Schlichtegrolls Skizze von Mozarts Leben liegt ein biographischer Aufsatz Nannerls zugrunde: „Data zur Biographie des Verstorbenen Tonn-Künstlers Wolfgang Mozart“, 1792.

5 *Reise nach München:* dreiwöchig, am 12. Januar 1762 angetreten; die Mozarts spielten vor dem Kurfürsten Maximilian III. Joseph. (Einen genauen Überblick über sämtliche Reisen Mozarts bieten die anschaulichen Zeittafeln und Ortsregister in: Joseph Heinz Eibl, „W. A. Mozart. Chronik eines Lebens“. Kassel 1965, Neuauflage bei dtv, München 1977) – *Reise... nach Wien:* 18.9.1762 - 5.1.1763.

7 *Herr Wagenseil:* der Wiener Hofkomponist Georg Christoph W. (1715 - 1777) war eines der Vorbilder für Mozarts frühes Schaffen.

8 *Schachtner:* Johann Andreas Sch. (1731 - 1795), Hof- und Feldtrompeter bei der Salzburger Hofmusik, Übersetzer von Librettis, u. a. von Varescos „Idomeneo“, mit der Familie Mozart eng befreundet; er hatte aufgrund einer Fragenliste Nannerls einen Briefbericht (24.4.1792) über Mozarts Jugendzeit gegeben, der in Schlichtegrolls „Nekrolog“ ausgewertet wurde.

10 f. *erste größere musikalische Reise in Deutschland:* Sie dauerte, nach Paris und London weiterführend, drei Jahre: 9.6.1763 - 29.11.1766.

11 *Es sind Sonaten für das Klavier:* die Sonaten für Klavier und Violine KV 6 - 9.

12 *Sachen von Händel und Bach:* Hier ist gemeint Johann Christian Bach (1735 - 1782), der jüngste Sohn Johann Sebastian Bachs; seine Kompositionen (Opern, Symphonien, Kammermusik) waren wichtige Vorbilder für Mozarts Musik. – *schrieb er sechs Klaviersonaten:* die Sonaten für Klavier und Violine KV 10 - 15. – *andere 6 Klaviersonaten:* die Sonaten für Klavier und Violine KV 26 - 31. – *einige Sinfonien und Variationen:* u. a. die Symphonie in B-Dur, KV 22, und die Klaviervariationen KV 24 und 25.

13 *La finta semplice:* Die Aufführung der Oper in Wien wurde durch die

Intrigen des Theaterimpressario Guiseppe Affligo unterdrückt (vgl. den diesbezüglichen ausführlichen Beschwerdebrief Vater Leopold Mozarts an Kaiser Joseph II. v. 21.9.1768. Die (nicht belegbare) Uraufführung fand vermutlich am 1.5.1769 in Salzburg statt.

14 *komponierte der zwölfjährige Knabe die Kirchenmusik:* wahrscheinlich die Messe in c-Moll (KV 139) sowie das Offertorium „Benedictus sit Deus" (KV 117).

15 *Scrittura zu der Opera seria:* der Auftrag für die Oper „Mitridate, Re di Ponto" (KV 87); sie wurde am 26.12.1770 in Mailand im Teatro Regio Ducal uraufgeführt; Mozart dirigierte die drei ersten Aufführungen. Vgl. S. 18.

15 *Martini:* Giovanni Battista M. (1706 - 1784), Musikhistoriker („Storia della Musica") und Komponist; auf seine Anregung hin wurde Mozart nach einer glänzend bestandenen Aufnahmeprüfung am 10.10.1770 unter die „Magistros Compositores" der Accademia Filarmonica in Bologna aufgenommen. – *Misliwečžek:* Josef Myslivešek (1737 - 1781), Komponist, von Mozart geschätzt, den er 1770 in Bologna kennenlernte.

15 (Fußnote) *Opernkomponisten Martini..., Cosa rara:* nicht Martini, sondern Vincente Martin y Soler (1754 - 1806) war der Komponist der Oper „La cosa rara".

16 *Thomas Linley:* 1756 - 1778, englischer Komponist und Geiger. – *Dichterin Corilla:* Corilla Olimpica, Pseudonym für Maddalena Morelli-Fernandez; in ihrem Haus lernten sich Mozart und Linley kennen und musizierten zusammen. – *im Nekrologe:* von Fr. v. Schlichtegroll, vgl. Anm. zu S. 4. – *das berühmte Miserere:* es war das neustimmige „Miserre" von Gregorio Allegri (1582 - 1652), Kernstück der Liturgie der Sistina in Rom, das auch Rom-Reisende wie Goethe und Burney faszinierte.

18 *Zur Prüfung... eine vielstimmige Fuge:* die in Klausur am 9.10.1770 komponierte Antiphon „Quaerite primum regnum Dei (KV 86); vgl. Anm. zu S. 15. – *Lucio Sulla:* die Oper „Lucio Silla (KV 135), sie wurde am 26.12.1772 in Mailand im Teatro Regio Ducal uraufgeführt.

19 *Ascanio in Alba:* am 17.10.1771 wurde diese „Serenata teatrale" (KV 111) in Mailand im Teatro Regio Ducal uraufgeführt. – *Il sogno di Scipione:* Einakter, bestehend aus elf Arien und zwei Chorsätzen (KV

126), vermutlich Anfang Mai 1772 in Salzburg uraufgeführt. – *La finta giardiniera:* Die Oper (opera buffa) (KV 196) wurde am 13.1.1775 in München im Salvatortheater uraufgeführt. – *il Re pastore:* KV 208, uraufgeführt am 23.4.1775 in Salzburg.

20 *Oper Idomeneo:* „Idomeneo, Re di Creta", uraufgeführt am 29.1.1781 in München im neuen kurfürstlichen Opernhaus, dem späteren Residenztheater. – *Aus München... nach Wien berufen...:* Niemetschek läßt den Bruch mit dem Fürsterzbischof Hieronymus von Colloredo (sowie die skandalöse Behandlung Mozarts durch den Oberstküchenmeister Karl Graf Arco) als Ursache für seinen nunmehrigen ständigen Aufenthalt in Wien unerwähnt.

22 *die Entführung aus dem Serail:* KV 384, uraufgeführt am 16.7.1782 im K. u. K. National-Hoftheater (Burgtheater) in Wien.

23 *seine nachmahlige Gemahlin:* Mozart heiratete Constanze Weber (1762 - 1842) am 4.8.1782, Trauung in St. Stephan in Wien. – *Schwester der berühmten Sängerin Lang:* Aloysia Lange (um 1760 - 1839); Mozart begeisterte sich für sie, nachdem er sie 1777 in Mannheim kennengelernt hatte; sie heiratete 1780 den Schauspieler Joseph Lange in Wien; sang u. a. die Constanze in der „Entführung" und die Donna Anna in „Don Giovanni".

23 (Fußnote) *Herr Duschek:* Franz Xaver D. (1731 - 1799), Komponist in Prag. – *Kucharz:* Johann Baptist K. (1751 - 1829), Kapellmeister in Prag. – *Praupner:* Wenzel P. (1744 - 1807) Kapellmeister in Prag, Komponist von Kirchenmusiken. – *Johann Kozeluch:* 1738 - 1814, Komponist. Vgl. Anm. zu S. 61.

24 *6 meisterhafte Quartetten:* Es sind die sog. „Haydn-Quartette" I - VI für Streicher (KV 387, 421, 428, 458, 464 u. 465), entstanden 1782 - 1785.

25 *diesem Lustpiele:* „Die Hochzeit des Figaro" (KV 492), uraufgeführt am 1.5.1786 in Wien im K. K. National-Hoftheater (Burgtheater); die Prager Aufführungen der Oper begannen im Dezember 1786.

26 *Strobach:* Johann Joseph St. (1731 - 1794), Kapellmeister am Prager Nationaltheater.

27 *Er kam im Februar 1787 nach Prag:* richtig: Mozart kam am 11.1.1787 in Prag an. – *Am Tage seiner Ankunft wurde Figaro gegeben:* richtig:

am 17.1.1787. – *Sinfonie:* Gemeint ist die Ouverture. – *musikalische Akademie:* am 19.1.1787. – *die Sinfonien, die er für diese Gelegenheit setzte:* die „Prager Symphonie“ (KV 504); die Symphonie in Es-Dur (KV 543), vgl. S. 80, Variante zu S. 27, kann nicht aufgeführt worden sein, sie entstand erst am 26.6.1788.

28 *Akkord zu einer neuen Oper:* „Don Giovanni“ (KV 527), uraufgeführt am 29.10.1787 in Prag im Ständetheater.

29 *Cosi fan tutte:* KV 588, uraufgeführt am 26.1.1790 im K. K. National-Hoftheater (Burgtheater) in Wien.

30 *Plan nach England zu gehen... Einladungen...:* Bekannt sind nur die erst später, November und Dezember 1790, erfolgten Einladungen von dem Londoner Direktor der italienischen Oper (vgl. Anm. z. S. 66) Robert May O'Reilly und dem Konzertunternehmer Johann Peter Salomon. – *Baron von Switten:* Gottfried van Swieten (1733 - 1803), Sohn des Leibarztes der Kaiserin Maria Theresia, Gerhard van Swieten, Präfekt der Hofbibliothek, ab 1781 Präsident der Studien- und Zensur-Kommission; Komponist.

31 *Switten... ist nun Vater seinen hinterlassenen Waisen:* Das ist dokumentarisch nicht belegt, möglicherweise aber hat er für Mozarts Kinder gesorgt.

32 *Die Zauberflöte:* KV 620, wurde am 30.9.1791 im Freihaustheater auf der Wieden in Wien uraufgeführt. – *La Clemenza di Tito:* KV 621, uraufgeführt am 6.9.1791 anläßlich der Krönung Leopolds II. zum König von Böhmen in Prag, wohin Mozart mit seiner Frau und seinem Schüler Franz Xaver Süßmayr um den 25.8.1791 von Wien aus aufgebrochen war. (Mitte September kehrte er nach Wien zurück, um die Uraufführung der Zauberflöte zu dirigieren.) – *vollendete sie in dem kurzen Zeitraum von 18 Tagen in Prag:* Das stimmt nicht, denn Mozart hatte die wesentlichen Teile der Oper „Titus“ bereits fertig, als er nach Prag kam; den eigentlichen Auftrag zur Oper hatte er wahrscheinlich bereits im April 1789 von dem Leiter des Prager Ständetheaters Quardasoni erhalten, so daß der Auftrag im Juli 1791 bloß noch offiziellen Charakter hatte (Königskrönung).

32 f. *Seelenmesse:* das „Requiem“ (KV 626). – *der unbekannte Bote:* die

spätere Forschung ermittelte, daß es der Gutsverwalter Franz Anton Leitgeb war, der im Auftrag des Grafen Franz Walsegg-Stuppach handelte (es wird auch vermutet, daß der „Bote" ein Abgesandter von Walseggs Rechtsanwalt Dr. Johann Nepomuk Sortschan war). Walsegg ließ das „Requiem" bei Mozart bestellen, um es zum Gedenken an seine am 14.2.1791 verstorbene Frau – als seine eigene Komposition? – aufführen zu lassen; er dirigierte es selbst am 14.12.1793 im Stift Neukloster (Wiener Neustadt). Mozart hinterließ das „Requiem" unvollendet; es wurde von seinem Schüler Franz Xaver Süßmayr fertiggestellt; G. van Swieten ließ es am 2.1.1793 im Jahnschen Saal in Wien zum Vorteil von Mozarts Witwe erstmals aufführen. – Niemetschek schrieb am 20.12.1810 an den Verleger Ambrosius Kühnel: „Die Hauptsache wegen des Requiem besteht darin, daß die Mozart [Constanze] nach Bekanntmachung des Requiem in Partitur von dem Unbekannten [Walsegg] durch einen Wiener Advokaten... [Sortschan] zur Rede gesetzt und mit einem Prozeß bedroht worden ist: er ließ sich aber mit einer Partitur von Mozarts Nachlaß befriedigen; Woraus erhellt, daß es ein Liebhaber und Verehrer Mozarts war, der sich das Req[uiem] schreiben ließ, und die unbegreifliche Grille hatte, Unbekannt zu bleiben." (Mozart-Jahrbuch 1968/70, S. 238)

34 *gewiß, man hat mir Gift gegeben!:* Das Gerücht, daß Mozart vergiftet worden sei, wurde gleich nach seinem Tod laut und ist bis heute nicht verstummt, wobei im Laufe der Zeit eine umfangreiche Literatur über die Ursache von Mozarts Tod entstanden ist; einen zusammenfassenden Überblick (über pro-und-contra-Arbeiten) geben die Publikationen: O. E. Deutsch: Die Legende von Mozarts Vergiftung, Mozart-Jahrbuch 1964, Salzburg 1965; J. Dalchow/G. Duda/D. Kerner: Mozart. Die Dokumentation seines Todes, Pähl 1966; dieselben: Mozarts Tod 1791 - 1971, Pähl 1971; C. Bär: Mozart. Krankheit, Tod, Begräbnis, 2. verm. Auflage Salzburg 1972. – *eine kleine Kantate:* Es ist die „Kleine Freimaurer-Kantate" (KV 623), komponiert am 15.11.1791 für die Einweihung des neuen Tempels der Loge „Zur neugekrönten Hoffnung", bei der Mozart Mitglied war: Mozart dirigierte die Aufführung am 18.11.1791 – sein letztes Erscheinen in der Öffentlichkeit.

35/36 *Requiem... man erfuhr nie, daß es irgenwo aufgeführt worden sei:* Niemetschek erwähnt die Uraufführung auf Seite 39; vgl. dazu Anm. zu S. 32 f.

36 *Anstellungsdekret als Kapellmeister in der St. Stephanskirche:* Es wurde Mozart am 9.5.1791 ausgestellt; indessen war die Stelle bis zum Tod des noch amtierenden, aber bereits kränkelnden Kapellmeisters Leopold Hofmann vorerst unentgeltlich; da dieser schließlich Mozart überlebte – er starb am 17.3.1793 –, kam Mozart nicht mehr in den Genuß der Einkünfte. – *aus Ungarn und Amsterdam ansehnliche Bestallungen und Akkorde:* Constanze Mozart schrieb in ihrem Pensionsgesuch an Kaiser Leopold II. am 11.12.1791: „... neben der vor kurzem erhaltenen Anwartschaft auf die Kapellmeisters-Stelle am Dom zu St. Stephan, langte noch wenige Tage vor seinem Tode von einem Teile des ungarischen Adels die Versicherung einer Subskription von jährlich 1 000 f.: und von Amsterdam die Anweisung eines noch höheren jährlichen Betrages an, wofür er nur wenige Stücke ausschließlich für die Subskribenten komponieren sollte."

37 *Sein Tod erfolgte...:* Mozart starb am 5.12.1791 um 0.55 Uhr in seiner Wohnung im sog. Klein-Kaisersteinschen Haus, Rauhensteingasse 8 (durch den „Mozarthof" ersetzt), in Wien. Als Todesursache gibt das Sterberegister von St. Stephan „hitziges Friesel Fiber" an; die neuere Forschung nimmt an, daß er „einer langen Nierenkrankheit im urämischen Coma" erlegen ist. Zur Kontroverse um Mozarts Todeskrankheit siehe die Anm. zu S. 34.

41 *Mozart... hinterließ zwei Söhne:* Franz Xaver Wolfgang (nannte sich später Wolfgang Amadeus Mozart Sohn) (27.7.1791 - 29.7.1844), Pianist und Komponist, unternahm Konzertreisen durch ganz Europa und lebte dreißig Jahre lang in Lemberg als Musiklehrer; Carl Thomas Mozart (21.9.1784 - 31.10.1858), gab das Musikstudium auf und wurde Beamter der Staatsbuchhaltung in Italien. Beide Söhne blieben unverheiratet.

41 *Quid tu? nullane habes vitia?:* Und du? hast du etwa keine Fehler?

43 (Fußnote) *ungeschickte Beurteilung dieser Oper:* der Artikel „Über das große Mozartsche Theaterkonzert im Berlinschen Opernhause" in: „Deutschland", 2. Bd. S. 363 - 368, Berlin 1796. – *Reichardt:* Johann Friedrich R. (1752 - 1814), Komponist und Musikschriftsteller.

44 *Sein früher Tod (wenn er ja nicht auch künstlich befördert war):* Vgl. Anm. zu S. 34.

46 *summern doch der Leyermänner der zwey Schwestern...:* die Singspiele „Die Schwestern von Prag (1794) von Wenzel Müller und „Der Tiroler Wastel“ von Jakob Haibel (1796).

47 *reddere convenientia cuique:* jedem die Übereinstimmung (Harmonie) zukommen zu lassen.

50 (Fußnote) *Schwägerin Hoffer:* Josepha Hofer (1759 - 1819), geb. Weber, ältere Schwester von Mozarts Frau Constanze; erste Königin der Nacht in der „Zauberflöte“.

53 *Kapellmeister H. Naumann:* Johann Gottlieb N. (1741 - 1828), wirkte in Dresden, Kammerkomponist. – *seiner Freundin D**:* die Sängerin Josepha Duschek (1753 - 1824); in ihrer Villa „Bertramka“ in Smichov (heute ein Stadtteil von Prag) verkehrte Mozart häufig und beendete den „Don Giovanni“. –

53/54 *der brave D**:* Franz Xaver Duschek (1731 - 1799), der Mann der Josepha Duschek (vgl. Anm. zu S. 53), Pianist und Komponist.

56 *innerhalb von 18 Tagen:* Vgl. Anm. zu S. 32. – *am 5ten September:* recte: 6.9.1791. – das aufgefaßte Miserere: Vgl. S. 16 und Anm. dazu.

57 *etwas von den beiden Hayden:* Joseph Haydn und dessen ab 1763 in Salzburg als Konzertmeister und Komponist wirkender Bruder Michael Haydn, von Mozart sehr geschätzt.

59 *an F. v. T., eine seiner Schülerinnen:* Therese von Trattner (1758 - 1793); Mozarts erwähnter Brief an sie ist nicht erhalten. – *der für sie gesetzten Klavierfantasie:* KV 475, die er ihr, sowie die Klaviersonate KV 547, gewidmet hatte. – *fodert:* fordert. – *Heft einer musiskalischen Zeitschrift:* Es ist die „Berlinische musikalische Zeitung“, hrsg. von Carl Spazier, 32. Stück, vom 14.9.1793, S. 126 f., „Zum Kapitel der musikalischen Vorurteile“.

61 *einer, der noch nie jemand gelobt hatte als sich selbst:* Leopold Anton Kozeluch (1747 - 1818); Komponist; 1799 äußert sich Niemetschek in einem Brief an Breitkopf & Härtel, er habe Kozeluch in seiner Biographie nicht nennen wollen „wegen der kleinlichen Eifersucht, mit der er Mozart in Prag immer verfolgte. Er hat ihn hier in der Krönungszeit

Kaiser Leopolds auf das Bübischste verläumdet, ja sogar seinen moralischen Charakter angegriffen".

66 *Wär' er nach England gegangen:* Nach der Rückkehr von der Reise nach Frankfurt (Kaiserkrönung Leopolds II.) um den 10.11.1790 fand Mozart von dem Direktor der italienischen Oper in London Robert May O'Reilly eine Einladung nach England für die Zeit von Dez. 1790 bis Juni 1791 vor, mit einem Gehaltsangebot von dreihundert Pfund Sterling. Ob und was Mozart geantwortet hat, ist nicht bekannt; vermutlich sagte er wegen

Mozarts Söhne: links Franz Xaver Wolfgang (1791 - 1844), rechts Carl Thomas (1784 - 1858). Ölgemälde von Hans Hansen, um 1798 (Internationale Stiftung Mozarteum Salzburg).

der Opernaufträge für Wien und Prag für 1791 nicht zu. – *seinen Grabeshügel zeichnet nicht einmal eine schlechte Inschrift aus:* Mozart wurde am 6.12.1791 auf dem Friedhof St. Marx in einem Schachtgrab, einem Armengrab, beigesetzt; die Grabstelle ist nicht bekannt, denn es wurde kein Grabstein errichtet. Warum dies nicht geschah, ist mit einer möglichen Nachlässigkeit der Witwe Constanze nur unzureichend erklärt. – *Trauer Kantaten... vom Herrn Wessely und Karl Kannabich:* Carl Bernhard Wesselys Kantate „Mozarts Urne" (1791) und Carl Cannabichs „Mozarts Gedächtnisfeier" (1797), letztere, für Chor, Soli, Orgel und Orchester, enthält Motive aus „Don Giovanni", „Cosi fan tutte" und „Zauberflöte" und wurde alljährlich bis etwa 1815 in München am 5. Dezember aufgeführt. – *Herrn Meinerth:* Das Gedicht des Gymnasialprofessors Joseph Georg Meinert (1775 - 1844) wurde in Prag bei einem Mozart-Konzert (am 7.2.1794) vorgetragen.

68 (Fußnote) *Opernkomponisten d. Hrn. W**:* Peter (von) Winter (1766 - 1821).

75 *Das berühmte Quintett fürs Klavier:* KV 452. – Sinfonien... die schönsten: KV 504 (Prager), KV 543, KV 550 und KV 551 (Jupiter-). – *Eb:* alte Schreibung für: Es.

77 *Die Stelle bei St. Stephan:* Vgl. Anm. zu S. 36.

78 *Schlichtegroll:* Vgl. Anm. zu S. 4.

80 (zu S. 19) *Oratorium der büssende David:* „Davidde penitente" (KV 469), Kantate; zeitlich gehört das Werk, 1785 entstanden, nicht zu „Il Re pastore".

81 (zu S. 37) *1798:* Strobach, geb. 1731, starb nicht 1798, sondern 1794, wie richtig auf S. 37 steht.

82 (zu S. 43) *der bekannte Botaniker Hänke:* Thaddäus H. (gest. 1817).

85 (zu S. 57) *Herr Kucharz:* Johann Baptist K. (1751 - 1829), Organist, später Konzert- und Operndirigent.

86 (zu S. 62) *Tonsetzer Joh. Wittassek:* (1770 - 1839), Pianist in Prag. – *König Tamos:* „Thamos, König in Ägypten" (KV 345), Drama von Tobias Philipp Gebler (1726 - 1786); Mozart schrieb dazu die Chöre und die instrumentalen Zwischenaktmusiken; Teile davon uraufgeführt am 4.4.1774.

BIBLIOGRAPHIE

Das nachfolgende bibliographische Verzeichnis hat das Ziel, bei möglichster Knappheit dem Interessenten die Einstiegsmöglichkeit in jedes das Thema Mozart betreffende Sachgebiet zu geben, indem es die bibliographischen Schlüsselwerke aufführt, ferner auf die wichtigsten Brief- und Dokumentensammlungen sowie die maßgeblichen biographischen Darstellungen, Gesamtausgaben und Informationswerke hinweist.

a) Bibliographien

Otto Keller: Wolfgang Amadeus Mozart. Bibliographie und Ikonographie. Berlin 1927
(Große Übersichtlichkeit in Anlage und Gliederung nach Sachgebieten; Personen-, Orts- u. Sachverzeichnis ermöglichen rasche Auffindung der Literatur über ein bestimmtes Thema.

Otto Schneider u. Anton Algatzy: Mozart-Handbuch. Chronik – Werk – Bibliographie. Wien 1962
(Mit Registern nach Personen, Orten und Sachgebieten sowie Generalregister.)

Rudolph Angermüller u. Otto Schneider: Mozart-Bibliographie (bis 1970). Kassel 1976

dieselben: Mozartbibliographie 1971 - 1975 mit Nachträgen zur Mozart-Bibliographie bis 1970. Kassel 1978

dieselben: Mozart-Bibliographie 1976 - 1980 samt Nachträgen. Kassel 1982
(Die jüngste und umfassendste Bibliographie; hrsg. von der Internationalen Stiftung Mozarteum Salzburg. Alle fünf Jahre wird ein Nachtragsband mit der neuesten Literatur herausgegeben. Mit ausführlichen Registern, wodurch der Universalschlüssel zur Literatur für jedes Mozart betreffende Spezialthema gegeben ist.)

b) Dokumentationen

1. Texte

Otto Erich Deutsch: Mozart. Die Dokumente seines Lebens. Kassel 1961
(Enthält alle zeitgenössischen Nachrichten über Mozart und seine Umwelt, wissenschaftlich kommentiert; die umfassendste Zusammenstellung. Ergänzungsband:)

Joseph Heinz Eibl: Addenda und Corrigenda (zu obiger Ausgabe von O. E. Deutsch). Kassel 1978

2. Bilddokumente

Ludwig Schiedermair: Mozart-Ikonographie. München 1914 (= Band 5 der Ausgabe der „Briefe W. A. Mozarts und seiner Familie“

Robert Bory: La Vie et l'Oeuvre de Wolfgang-Amadeus Mozart par l'image. Paris 1948

Maximilian Zenger und Otto Erich Deutsch: Mozart und seine Welt in zeitgenössischen Bildern. Kassel 1961
(Vorbildliches Kompendium der Mozartikonographie, in der nach neuestem Stand der Forschung die echten von den falschen Bildnissen Mozarts unterschieden werden)

c) Briefausgaben

Ludwig Schiedermair: Die Briefe W. A. Mozarts und seiner Familie. 5 Bde (5. Bd: Mozart-Ikonographie). Erste kritische Gesamtausgabe. München 1914

Erich H. Müller von Asow: Briefe Wolfgang Amadeus Mozarts. Hrsg. mit Originalbriefen in Lichtdruck im Auftrage des Zentralinstituts für Mozartforschung am Mozarteum in Salzburg. 5 Bde. Berlin 1942 (Neuausgabe 1949)
(Eine ausführlich kommentierte Gesamt-Ausgabe der Briefe und Aufzeichnungen der Familie Mozart, die die Briefe Mozarts selbst auch im Faksimile wiedergibt)

Mozart. Briefe und Aufzeichnungen. Hrsg. von der Internationalen Stiftung Mozarteum Salzburg. Gesammelt und erläutert von Wilhelm A. Bauer und Otto Erich Deutsch. Bd I - IV Brieftexte. Kassel 1962/63. Bd V - VI Kommentarbände, aufgrund der Vorarbeiten von Bauer und Deutsch erläutert von Joseph Heinz Eibl. Kassel 1971. Nachtrag zum Kommentar: Mozart-Jahrbuch 1976/77 (I), Mozart-Jahrbuch 1980/83 (II). Bd VII Register, zusammengestellt von Joseph Heinz Eibl. Kassel 1975

(Mustergültige Gesamtausgabe aller Briefe und Aufzeichnungen, die alles im Zusammenhang mit Mozart, seiner Familie und seinen Freunden stehende von 1755 bis 1857 bringt, mit reichem Kommentar und einer Fülle von Informationen)

d) Biographien

Georg Nikolaus Nissen: Biographie W. A. Mozarts. Nach Originalbriefen, Sammlungen alles über ihn Geschriebenen, mit vielen neuen Beylagen, Steindrucken, Musikblättern und einem Facsimile. Nach des Verfassers Tode hrsg. von Constanze, Wittwe von Nissen, früher Wittwe Mozart. Leipzig 1828 (Reprint 1964)

Otto Jahn: W. A. Mozart. Bd I - IV. Leipzig 1856 - 1859.

(Erste nach wissenschaftlichen Methoden angelegte Mozart Biographie, bildet die Basis für alle späteren; 5., neubearbeitete Auflage 1919 von Hermann Abert, s. u.)

Constantin von Wurzbach: Mozart-Buch. Wien 1869

Théodore de Wyzéwa et Georges de Saint-Foix: W. A. Mozart. Sa vie musicale et son oeuvre. 5 Bde, Paris 1912 - 1946

(Durch seine neue Chronologie bahnbrechend, stellt das Werk, dessen Beeinflussung durch zeitgenössische Meister und seine innere Entwicklung in den Mittelpunkt.)

Arthur Schurig: Wolfgang Amadeus Mozart. Sein Leben und sein Werk. Leipzig 1913.

Hermann Abert: W. A. Mozart. Fünfte, vollständig neu bearbeitete und erweiterte Ausgabe von Otto Jahns Mozart. Leipzig 1919/1921. Siebte Auf-

lage 1955/1956 mit einem selbständigen Registerband von Erich Kapst, Leipzig 1966
(Das noch heute unentbehrliche Werk zeichnet sich durch Objektivität und wissenschaftliche Methode aus und ist weit mehr als eine bloße Bearbeitung der Jahnschen Biographie, ein Markstein der Mozartforschung überhaupt.)

Ludwig Schiedermair: Mozart. Sein Leben und seine Werke. München 1922, 2. Auflage Bonn, 1948
(Eine knappe wissenschaftliche Darstellung in übersichtlicher Anlage.)

Bernhard Paumgartner: Mozart. 1. - 8. Auflage Zürich 1927 - 1980
(Diese fundierte Biographie zeichnet kenntnisreich die „liebe, verehrungswürdige Gestalt" Mozarts in seinen menschlichen und künstlerischen Aspekten in der Spiegelung des zeitgenössischen Umfeldes.)

Alfred Einstein: Mozart. Sein Charakter, sein Werk. New York 1945 (engl.), Stockholm 1947.

Erich Valentin: Mozart. Wesen und Wandlung. Salzburg 1953

Erich Schenk: Wolfgang Amadeus Mozart. Eine Biographie. Wien 1955, 2. Auflage 1975
(Eine umfassende, alle Erkenntnisse der Forschung zusammenfassende Darstellung, die sich auf das Biographische konzentriert.)

Aloys Greither: Wolfgang Amade Mozart in Selbstzeugnissen und Bilddokumenten. Reinbek 1962

Wolfgang Hildesheimer: Mozart. Frankfurt 1977
(Das nicht unumstrittene Buch will u. a. „jene unüberbrückbare Ferne zwischen der Innenwelt Mozarts und unserem mangelhaften Konzept ihrer Art und Dimensionen" (Hildesheimer) verdeutlichen.)

e) Verschiedenes

1. Gesamtausgaben

Wolfgang Amadeus Mozarts Werke. Kritisch durchgesehene Gesamtausgabe. Breitkopf & Härtel, Leipzig 1877 - 1910

Wolfgang Amadeus Mozart: Neue Ausgabe sämtlicher Werke – in Verbindung mit den Mozartstädten Augsburg, Salzburg und Wien herausgegeben von

der Internationalen Stiftung Mozarteum Salzburg. Bärenreiter Verlag, Kassel 1954 ff.
(Nach neuesten Quellenkenntnissen erstellt, ist diese „Neue Mozart-Ausgabe" die größte Mozart-Dokumentation des 20. Jahrhunderts; für die Forschung sowie für die künstlerische Praxis verbindlich. Sie ist auf zehn Serien in 35 Werkgruppen und auf 125 Bände angelegt.)

2. Werkverzeichnis

Ludwig Ritter von Köchel: Chronologisch-thematisches Verzeichnis sämtlicher Tonwerke Wolfgang Amade Mozarts nebst Angabe der verlorengegangenen, angefangenen, von fremder Hand bearbeiteten, zweifelhaften, unterschobenen Kompositionen. Leipzig 1862. 3. Auflage bearbeitet von Alfred Einstein, Leipzig 1937 und Ann Arbor 1947. 6. Auflage bearbeitet von Franz Giegling, Alexander Weinmann und Gerd Sievers, Wiesbaden 1964
(Die K[öchel]-V[erzeichnis]-Nummern sind das international verbindliche Orientierungsmittel über Mozarts Kompositionen)

Ludwig Ritter von Köchel: Der kleine Köchel, Chronologisches und systematisches Verzeichnis sämtlicher musikalischen Werke von Wolfgang Amade Mozart. Hrsg. von Hellmuth von Hase. 1951. 8. Auflage Wiesbaden 1975

3. Chroniken

Otto Schneider u. Anton Algatzy: Mozart-Handbuch. Chronik – Werk – Bibliographie. Wien 1962
(Enthält die Chronik Mozarts sowie auch die seiner Familienangehörigen: Daten samt Quellenangaben in großer Ausführlichkeit)

Joseph Heinz Eibl: Wolfgang Amadeus Mozart. Chronik eines Lebens. Kassel 1965.

4. Mozart-Jahrbücher

Mozart-Jahrbuch herausgegeben von Hermann Abert. München 1923, 1924, Augsburg 1929

Neues Mozart-Jahrbuch im Auftrage des Zentralinstituts für Mozartforschung am Mozarteum Salzburg. Hrsg. von Erich Valentin. Regensburg 1941, 1942, 1943

Mozart-Jahrbuch des Zentralinstituts für Mozartforschung der Internationalen Stiftung Mozarteum. Hrsg. von Géza Rech, Salzburg 1950 ff.; seit 1976 Kassel, hrsg. von Géza Rech, Rudolph Angermüller u. Dietrich Berke, seit 1983 von Angermüller, Berke

5. Lexikon

Erich Valentin: Lübbes Mozart Lexikon. Bergisch Gladbach 1983
(Ein sowohl für den Fachmann als auch für den Musikliebhaber überaus informationsreiches Nachschlagewerk, das auch alle das Umfeld Mozarts betreffenden Spezialgebiete ausleuchtet.)

Mozarts Tabakdose, mit nächtlicher Szene, gemalt auf Elfenbein.

INHALT

In der BIBLIOTHEK ZEITGENÖSSISCHER LITERATUR liegen ferner u. a. vor:

Oskar Leibach:
Rückblick auf eine Ehe
Roman. 120 Seiten.
DM 16,80; S 117,60;
sfr 16,80
ISBN 3-923364-82-2

Ein Mann hat sich von seiner Frau getrennt. Er liebt sie noch immer, doch er flieht zu einer anderen Frau, die eine Dirne ist. Diese läßt ihn in ihrer Villa, die zu seinem Gefängnis wird, warten. Das lila Zimmer mit dem darunterliegenden Verlies verwandelt sich in einen Ort der Grenzsituationen. Der Versuch, seine Verlustschmerzen und bedrohlichen Aggressionen in einem Sadomasospiel zu lindern, gelingt nicht. Mit der perfekt durchgeführten Methode, im *Rückblick* Handlungsphasen in der Verlangsamung wiederzugeben, ja zum Stillstand zu bringen, öffnet sich ein Vorhang, und die Wahrheit einer Ehe tritt klar zutage.

Geschichten um Mozart.
Erinnerungen und Fiktionen.
Hrsg. mit Einf. u. Kommentar von Jost Perfahl
160 Seiten. Mit Illustrationen.
DM 22,80; S 159,60; sfr 22,80
ISBN 3-923364-81-4

Mit diesem Band sind *erstmals* die bedeutendsten e r z ä h l e r i s c h e n Texte über Mozart erfaßt: Berichte, Novellen, Märchen, Legenden, Anekdoten, aber auch dramatische Szenen, epische Rede und Hörspiel. – Eine detaillierte Zeittafel spiegelt den historischen Hintergrund der Texte. Inhalt:

1. Verwandte und Zeitgenossen erzählen (1792 - 1830)
   Schachtner, Niemetschek, Rochlitz, E. T. A. Hoffmann, Boisserée, Lehmann, O'Kelly, Haibel, Nissen, Novello, Da Ponte
2. Mozart wird zur Legende. Dichter erfinden sein Leben (1830 - Ende des 19. Jahrhundert)
   Puschkin, Gall, Haderlein, Pichler, Kierkegaard, Lyser, Fichte, Frank, Köpke, Mörike, Deiner, Castelli, Nohl, Parthey, Mozart der Zweite, Bischoff
3. Mozart-Phantasien moderner Dichter. Fiktionen der Mozart-Forscher (20. Jahrhundert)
   Bartsch, Schurig, Hesse, Matthießen, Paumgartner, Saint-Exupéry, Giono, Wiegler, Urzidil, Shaffer, Hildesheimer

„... Es gibt da eine seltsame und einmalige Episode in Mozarts Leben. Als er sich im Jahre 1783 mit seiner Frau Constanze zu einem Besuch in Salzburg aufhielt, sang man eines Tages, vermutlich in kleinem Kreis, das Es-Dur-Quartett aus dem dritten Akt „Idomeneo": „Andro ramingo e solo". Mozart sang Tenor, Constanze Sopran. Wer die anderen Beteiligten waren, weiß man nicht. Es kamen viele musikalische Freunde ins Haus des Vaters. Wie dem auch sei: während sie sangen, brach Mozart plötzlich in Tränen aus und stürzte aus dem Zimmer. Constanze eilte ihm nach..."
Aus: Wolfgang Hildesheimer, „Warum weinte Mozart".

Alfons Windhag:
Mignon. Novelle. Herausgegeben von Sophie Prager.
Grundtextausgabe 9
120 Seiten. DM 21,60; S 151,--; sfr 19,--
ISBN 3-923364-09-1

„Mignon" – (frz. Liebling), der Name eines weiblichen Geschöpfs verschleierter Herkunft in Goethes „Wilhelm Meister", aber auch die Bezeichnung für ein mechanisches Musikwerk (Orchestrion, Spieldose, das nach Stiftwalzen abläuft – ist in dieser Novelle ein in einem Gebirgstal lebendes halbwüchsiges Mädchen. Ihr Wächter, der dreiundzwanzigjährige Schriftsteller und Tourist U., der sie in größeren Zeitabschnitten immer wieder aufgesucht hat, durchschaut ihr „Rufen" sehr wohl als das mechanische Ablaufen eines Werkes, sieht gewissermaßen die „Stiftwalzen" – trotzdem wird er von der Musik, die aus Mignon ertönt, überwältigt. – Der relativ kurzen Letztfassung sind umfangreichere Vorstufen (z.T. in Handschrift) angehängt; dadurch wird der gigantische Kampf des Autors mit seinem Medium aufgezeigt – und gleichzeitig die Mehrdimensionalität des sprachlichen Kunstwerks, indem anhand der abweichenden Vorfassungen ersehbar wird, wie die Gestalt *auch* hätte sein können und insofern tatsächlich *ist,* als ja die gelöschten Stellen immer noch unsichtbar mitschwingen, die Bedeutung des Inhalts erweiternd.

Jost Perfahl:
Weltuntergang. Theaterstück
Samt Wiedergabe der Handschrift. Grundtextausgabe 10
140 Seiten. DM 24,--; S 168,--; sfr 22,--
ISBN 3-923364-10-5

Seit zwölf Jahren hat der Mann überlegt, ob er die Frau, die bald nach ihrer flüchtigen Bekanntschaft, verheiratet, in einen anderen Stadtteil gezogen war, aufsuchen soll. Da vernimmt er die Nachricht von dem in wenigen Stunden erfolgenden Weltende, stürzt zum Auto und fährt zu der Frau. Er trifft sie allein an, wie sie sich gerade für einen Ball ankleiden will: die Maske über den Augen, im Zimmer die Kostüme ausgebreitet. Die unfaßbare Nähe des Aufhörens von allem verleiht dem Gespräch der beiden, ihren Sätzen und Absichten, einen ins Endgültige erweiterten Sinn, erleuchtet ihr Verständnis, so daß sie auf einmal sich selbst und ihre nicht zustande gekommene Gemeinschaft als bisher undurchdringliche Rätsel gelöst sehen. Parallel zur Handlung, sukzessiv, zieht sich die Frau an – es ist eine vom Ende her rücklaufende Entkleidung, die Maske hingegen behält sie bis zum Augenblick der Katastrophe auf, so daß ihr Gesicht erst am Schluß, als die eigentliche Antwort, sichtbar wird. Der Dialog der beiden geht weit über die bisher für möglich gehaltenen Verständigungsmittel hinaus und verdeutlicht, daß der „Weltuntergang" nicht bloß eine beliebte Fiktion ist, sondern ein bereits in vollem Gang befindliches reales Stadium unseres Vorhandenseins.

Stefan Weinberg:
Thomas Bernhard im Traum erschienen. Roman.
Grundtextausgabe 7.
148 Seiten. DM 24,80; S 172,--; sfr 22,50
ISBN 3-923364-07-5

Thomas Bernhard nimmt die Gestalt des Malers Hochsteiner an und erscheint in den Träumen des Icherzählers, der, als Maler, zusehends stärker in die Abhängigkeit von der Malerei Hochsteiners zu geraten vermeint; in der ununterbrochenen Bemühung, das von den Öffentlichkeitsmächten eingeredete Weltbild aufzulösen, glaubt er erst recht dem Bann des Vorbildes zu erliegen; das führt so weit, daß er sich mehr und mehr mit Hochsteiner verwechselt: auf Fotographien, in Selbstgesprächen; bei genauerem Hinsehen verflüchtigt sich Hochsteiner, bleibt aber doch als spürbare Gegenwart anwesend, steht in der Küche, in der der Icherzähler Abend für Abend sitzt, schwebt vor der Kredenz, spricht, verwebt sein Sprechen mit dem des Icherzählers; es ist aber nicht der Alltagsmensch Hochsteiner, sondern der aus seinen Gemälden steigende, deren Rahmen als ein geniales Gespenst verlassende, der vor dem Icherzähler, in Wachträumen, auftritt; dem Künstler bleibt kein anderer Ausweg als der geradeaus nach vorn: immer neue Ölbilder entstehen, Riesenwerke, die schließlich ihren Schöpfer um viele Male übersteigen; eines Nachts, gegen elf Uhr, während er in der Küche steht, bricht ein Gelächter aus ihm hervor, in dem sich sämtliche Gelächter seines Lebens zu einem einzigen umfassenden versammeln, das, die Kulissenwelt einebnend, sich in seinen Ölgemälden, die er auf einmal jedes als ein einziges ungeheures Gelächter entziffert, wiedererkennt und, ihn wie einen prallen Ball über die Provinz, über Böhmen und Deutschland hinaustragend, die Verwechslung mit Hochsteiner freilegt.

BIBLIOTHEK ZEITGENÖSSISCHER LITERATUR
8000 München 44
Postfach 44 03 40